마케팅을
바꾸는
데이터의 힘

마케팅을
바꾸는
데이터의 힘

숫자를 넘어
고객의 마음을 읽는
데이터 마케팅의
모든 것

백승록 지음

갈매나무

데이터를 아는 마케터가 먼저 성공한다

'어느 광고인의 고백Confession of an Advertising Man'은 전설적인 광고인 데이비드 오길비David Ogilvy가 쓴 책 제목입니다. 무언가 감춘 비리를 들춰내는 것 같은 제목이지만, 사실은 자신이 실무에서 체득한 경험을 바탕으로 좋은 광고를 만드는 원칙을 담았습니다. 이미 출판된 지 60여 년이 되어가는 책 제목을 먼저 인용한 이유는 오랜 세월이 지났어도 이 책에서 소개한 원칙과 본질이 지금도 변함없이 통하기 때문입니다. 좋은 광고주를 영입하고, 성공적인 광고 캠페인을 만들고, 효과적인 광고 카피를 쓰는 방법 등에 관한 원칙은 소비자의 마음을 움직여야 하는 오늘날에도 여전히 유효합니다.

반면 빠르게 변하는 것들이 있습니다. 사람의 마음을 움직이는 설득 커뮤니케이션의 본질은 변하지 않았지만, 우리를 둘러싼 환경은 정말 실감하기 어려울 정도로 빠르게 변화합니다. 생성형generative AI인 챗GPTChatGPT가 등장한 이후로 하룻밤 사이에 새롭게 쏟아져 나오는 응용 기술에 정신을 못 차릴 지경입니다. 마케팅과 광고 분야도 예외가 아닙니다. 당장 챗GPT가 몇 초 안에 그럴듯한 광고 카피 대안을 만들어주는가 하면, 이미지 생성 AI인 미드저니Midjourney는 프롬프트에 원하는 이미지를 구체적으로 기술하면 AI가 만든 이미지가 맞나 싶을 정도로 놀라운 결과물을 내놓습니다. 유명 모델 얼굴에 특정 환경 조건만 입력하면 실사에 가까운 이미지를 몇 초 만에 뚝딱 만들어냅니다.

이쯤 되면, 마케팅이나 광고 일을 하는 분들은 현업에서 어떤 부분이 위협을 받게 될지 감이 잡히실 겁니다. 광고 크리에이티브*의 기초 아이디어를 도출하고, 콘셉트에 맞는 광고 카피 후보안을 써내고, 모델 사진을 촬영하는 등 많은 사람이 상당히 오랜 시간을 투자해야 하던 일이 손쉽게 AI로 대체될 수도 있다는 건 더는 공상과학 영화에 나오는 이야기가 아닌 우리가 바로 맞닥뜨린 현실입니다.

이렇게 숨 쉴 틈조차 없이 빠르게 변화하는 기술 발전 앞에서 마케팅 전략을 수립하고 광고 캠페인을 실행하는 우리는 무엇을 해야 할까요? 마케터와 광고인 상당수가 이런 변화에 어떻게 대응하고 준비해야 할지 막막하리라 생각합니다. 실제 제가 만나는 많은 마케터

---

* 일반적으로 '마케팅'이란 제품의 판매를 증진시키는 활동을 총칭한다. 그중에서도 제품의 특징을 정제된 메시지로 전달하는 활동을 '광고'라고 하며, 광고 메시지가 더 효과적으로 전달될 수 있도록 만드는 아이디어를 '크리에이티브'라고 말한다.

와 광고인이 일종의 상대적 허탈감 혹은 피로감에 젖어 새로운 방식을 학습할 의지 자체를 가지지 못하고 있었기 때문입니다. 그들이 지식과 경험이 없어서도, 새로운 기술과 환경에 적응할 능력이 없어서도 아닙니다. 당장 목전의 현업을 처리하느라 눈코 뜰 새 없이 바쁜 와중에 빠르게 변화하는 미디어 환경과 새로운 마케팅 기술을 학습해야 한다는 말은 시간이 남아도는 사람의 여유로운 이야기로 들릴 겁니다. 큰 불편함 없이 잘해왔던 업무에 갑자기 새로운 기술이 적용되고, 관련된 지표들을 하나하나 측정해서 평가하는 일도 불편하니, 이 과정을 끊임없이 반복하며 지표를 개선해나가야 하는 일이 피곤해 보이기도 할 겁니다.

하지만 솔직하고 직설적으로 말씀드리건대, 이러한 변화가 불편하고 두려워서 '밀어내기' 시작한다면 머지않아 여러분이 기존의 방식대로 문제없이 일하던 그 역할과 자리에서 '밀려나는' 일이 생길지도 모릅니다. 절대로 과장해서 이야기하는 것이 아닙니다. 지금도 마케팅과 광고 영역에서 사람이 수행하던 노동집약적인 업무가 빠르게 AI 기반 기술과 플랫폼으로 대체되고 있습니다.

조금 위안을 드리자면, 아무리 AI가 발전하고 고도화된다고 하더라도 사람이 하는 일을 완전히 대체하기까지는 아직 시간이 남아 있다고 생각합니다. 이 책을 읽기 시작한 여러분이 조금만 관심을 가진다면, AI에 대체되지 않고 기술을 잘 활용할 수 있을 것이라 확신합니다. 마케팅 기술의 발전은 기술을 활용하는 자에게는 일을 더 효율적이고 효과적으로 수행할 무기와도 같지만, 무시하는 사람에게는 언젠가 제 목을 겨눌 무기가 될 수도 있음을 기억했으면 합니다. 실제로 우리가 데이터를 어떤 관점에서 바라보고 어떻게 대응하는가에 따라서 개인과 기업의 역량은 크게 달라질 것입니다.

숫자에만 매몰되면 오히려 비즈니스 성장 기회를 놓친다

마케팅에서 데이터는 활용하고 있다는 사실보다 어떻게 활용하고 있는지가 더욱 중요합니다. 데이터 마케팅 분야와 관련된 기술 발전과 정책 변화 등으로 마케팅 업무의 제반 환경 또한 정말 빠르게 변화하고 있기 때문입니다. 대표적인 예로, 오늘날 디지털 마케팅의 대세로 여겨지는 퍼포먼스 마케팅에 많은 예산과 리소스가 투입되고 있습니다. 하지만, 숫자로 나타나는 후행적 결과지표에만 몰입한 나머지 기업이 확보해야 할 잠재고객을 놓치거나 비즈니스 성장 기회를 놓치는 일이 허다합니다. 대표적인 데이터 마케팅 환경 변화와 핵심 대응 방안을 간략히 정리해보자면 다음과 같습니다.

첫째, 광고매체를 통해 유입된 고객이 실제 우리 서비스 타깃target 고객과 차이가 나는 현상이 발생합니다. 매체에서 제공하는 관심사 타기팅targeting에도 불구하고 광고 효율을 높이는 쪽으로 설정된 AI

알고리즘이 우리가 원하는 타깃 오디언스audience보다 광고에 잘 반응하는 오디언스에게 광고를 노출할 가능성이 있기 때문입니다. 따라서 자사 충성고객 데이터를 분석한 뒤, 서드 파티 데이터3rd party data로 동일 특성의 잠재적 충성고객을 선별하여 광고 캠페인을 집행하는 등 추가 대응이 필요합니다.

둘째, 갈수록 경쟁이 치열해지는 상황에서 모든 기업은 한정된 고객을 경쟁사와 공유하며 서로 뺏고 뺏기는 각축전을 벌입니다. 이 상황에서는 충성고객을 확보하고 유지하는 일이 무엇보다 중요합니다. 자사 고객 데이터를 분석해 우리 고객의 이탈률을 확인하고 예측해서 추가 이탈을 방어해야 합니다. 이를 위해 서드 파티 데이터로 고객이 어느 경쟁사에서 유입되고, 어느 경쟁사로 이탈하는가를 확인해야 합니다. 이후 분석한 정보를 바탕으로 대상을 선별하여 타깃 광고와 개인화 마케팅을 수행하는 것이 좋습니다.

셋째, 구매력이 높은 타깃 고객은 다양한 매체를 이동하며 이용하는데, 퍼포먼스 마케팅에 사용되는 오디언스 데이터는 매체 간 서로 공유되거나 연결되지 않습니다. 따라서 광고매체가 제공하는 한정된 오디언스에서 구매 가능성이 큰 고객을 서로 데려가려는 입찰 경쟁이 과열되고 있으며, 같은 광고 효율을 유지하는 데 필요한 광고비는 계속 더 비싸지고 있습니다. 역시 서드 파티 데이터를 활용해 구매력이 높은 타깃 오디언스를 설계하고 타깃 광고를 집행하면서 광고 효율을 관리해야 합니다.

넷째, 평소 광고 효율은 높은데, 전환율이 좀처럼 나아지지 않는 현상이 늘어났습니다. 광고 효율 지표에 지나치게 매몰되는 업계 분위기와 광고 성과를 마지막 반응 행동last click에 몰아주는 경향은 광고 매체가 제공하는 광고 성과 데이터에 대한 의구심을 키웁니다. 현재도 일부에서는 광고 효율과 성과를 자신의 공으로 돌리기 위해 부정 트래픽을 발생시키는 광고 사기Ad fraud 기술이 버젓이 적용되고 있습니다. 이런 광고 사기를 막는 일은 오롯이 광고주 기업에 전가되므로, 광고주 기업은 직접 부정 트래픽을 필터링하면서 광고와 매출의 인과관계를 분석하는 고객 데이터 플랫폼Customer Data Platform; CDP을 도입하는 등, 서드 파티 데이터를 함께 활용해서 원하는 타깃 고객만을 선별적으로 유입하려는 노력을 기울이고 있습니다.

책의 서두부터 데이터 마케팅을 둘러싼 환경 변화와 관련해서 너무 무거운 이야기를 드린 것 같습니다. 이 책은 새롭게 등장하는 다양한 기술과 이로 인한 발전이 편하지만은 않은 대부분의 기성 마케터와 광고인, 그리고 직접 비즈니스를 운영하는 분을 위해서 쓴 책입니다. 데이터 마케팅에 필요한 세부적인 방법론이나 기술을 전하기보다는 데이터 마케팅이 왜 중요한지, 기본적인 접근 방식과 적용 범위는 어떤한지, 어디서부터 어떻게 시작해야 하는지 방향을 안내해드리는 것을 목적으로 했습니다. 따라서 데이터 마케팅과 관련된 변화의 흐름을 읽고, 지향해야 할 방향을 제시하는 내용을 더 많이 담아내고자 했습니다. 올바른 데이터 마케팅을 위해서는 세부적인 기술이나 기법을 익히기 전에 데이터 마케팅 개념concept을 이해하고 올바른 마인드셋mind set을 가지는 것이 더 중요하기 때문입니다.

환경이 빠르게 변할수록
마케팅의 본질을 잊지 말아야

개인적으로 마케팅과 광고 영역 실무에서 25년이 넘는 기간 동안 쌓아온 경험에서 보면 예나 지금이나 끊임없이 새로운 것은 등장했다고 생각합니다. 물론 인터넷의 등장과 소셜 네트워크의 등장 그리고 모바일의 등장, 총 세 가지 모멘텀이 미디어 환경 변화의 큰 축이었고 그때마다 사람들은 지각변동을 예고했지만, 우리는 늘 새로운 환경에 적응하면서 일해왔습니다.

데이터 마케팅도 크게 다르지 않다고 생각합니다. 마케팅의 본질이 변한 게 아니라, 마케팅을 수행하는 환경이 바뀌었고, 지금까지 직관이나 경험에 의존했던 인사이트 도출과 의사결정 과정이 데이터를 근거로 이루어지게 된 것뿐입니다. 그리고 데이터를 활용할 기술적 환경이 마련되었고, 데이터를 더 잘 활용하도록 돕는 다양한 도구를 사용할 수 있게 되었습니다. 늘 새로운 것을 학습하고 익숙해지는 데에 적지 않은 시간과 노력을 들여야 하겠지만, 마음만 먹으면 금세 적응할 수 있습니다. 사실 돌이켜보면 우리 모두가 그런 과정을 겪으면서 지금까지 일해오지 않았던가요? 지금의 현상은 새로운 기술이 등장하는 속도와 변화의 폭이 조금 더 커진 것일 뿐, 데이터 마케팅을 바라보는 시선과 마인드를 긍정적이고 능동적인 쪽으로 바꾼다면 이번에도 역시 어렵지 않게 적응할 수 있으리라 믿습니다.

이 책에서는 마케팅과 광고의 대상인 소비자와 그들을 둘러싼 미디어 환경 변화에 따라 데이터가 왜 중요해졌으며, 어떤 역할을 하는지, 그리고 마케팅과 광고 영역에서 데이터를 어떻게 활용해야 하는지 등 변화의 내용과 방향을 짚어보려 합니다. 또한 데이터 컨설팅을 하면서 현장에서 전해 들은 실무자들의 고민과 현실적인 어려움은 무엇이며, 당면한 현실에 어떻게 대응해 나가야 하는지를 알아보고자 합니다.

더 나아가 마케팅에서 활용할 수 있는 데이터의 종류와 실무적 접근 방법, 데이터 기반의 인사이트 도출 방법과 마케팅 전략, 크리에이티브 등을 다룹니다. 끝으로 데이터 마케팅에서 꼭 필요한 개인정보 보호와 데이터 정책, 그리고 데이터가 흐르는 조직을 만들고 데이터 마케팅을 활성화하는 데 필요한 요소들을 짚어보려고 합니다.

데이터 마케팅이 다소 딱딱하고 어려운 주제는 맞습니다. 그러나, 지금까지 많은 마케터와 광고 실무자를 만나면서 현장에서 직접 보고 듣고 느꼈던 내용을 중심으로 많은 분들이 막연해하는 부분을 해소하는 데 꼭 필요한 내용을 담아내려 노력했기에 어렵지 않게 이해하실 수 있으리라 기대해봅니다. 그리고 각 장을 넘기면서 주제별로 조금 더 구체적인 방법론이나 기법 등이 궁금하다면, 인터넷 검색만으로도 정말 많은 전문가의 노하우와 무료 강연, 해설이 곁들여진 콘텐츠를 찾을 수 있습니다. 실무 방법론과 관련된 서적도 시중에 많이 나와 있습니다. 모쪼록 이 책이 데이터 마케팅에 대한 답답한 마음과 막연한 두려움을 걷어내고, 데이터 마케팅이란 새로운 경쟁력을 장착하는 마중물이 되어주길 기대합니다.

저자 **백승록**

(3부) 소비자를 VIP로 만드는 마케팅의 진화

5장 그로스 마케팅은 기존 마케팅과 무엇이 다를까?

6장 데이터 관리 플랫폼, 인사이트의 폭을 넓히다

🔍 4부 데이터는 어떻게 기업의 무기가 되는가

1부

이것이
데이터
마케팅이다

1장

왜
데이터
드리븐인가?

사랑받는 브랜드가 될 것인가?
제조업체에 머물 것인가?

마케팅에서
정량적 측정이 중요한 이유

"측정할 수 없다면, 개선할 수 없다If you can't measure it, you can't improve it"라는 말은 저명한 경영학자인 피터 드러커Peter Ferdinand Drucker의 명언으로 알려졌지만, 사실 1800년대 영국의 수리물리학자인 로드 켈빈Lord Kelvin이 원조입니다. 정량적 측정과 분석을 하지 않는다면 어떤 현상의 원인을 발견하는 일도, 문제를 정의하고 의사결정하는 일도 모두 불가능할 겁니다. 재미있는 건, 1800년대의 이 말이 데이터의 중요성이 그 어느 때보다도 강조되는 지금의 우리에게 가장 들어맞는 이야기라는 점입니다.

지금 우리가 살아가는 4차 산업혁명 시대는 연결성connectivity과 자동화automation를 두 축으로 합니다. 무선 인터넷 환경으로 모든 디지털 기기들이 손쉽게 연결되며, 이러한 기기들은 우리가 원하는 바를 스스로 판단해서 움직이도록 자동화되는데, 그 핵심에는 데이터가 있습니다. 데이터는 머신러닝, 딥러닝으로 학습되어 우리 생활을 편안하게 만드는 자동화 알고리즘에도 적용됩니다.

이렇게 데이터는 디지털 환경을 움직이는 핵심 요소가 되었고, 데이터 없이는 정상적으로 비즈니스를 운영하기 어렵게 되었습니다. 많은 분이 데이터를 어렵게 생각하는데, 데이터는 그렇게 복잡하고 어려운 개념이 아닙니다. 우리는 매일 새롭게 유입된 고객은 몇 명인지, 재고는 얼마나 남았고 매출은 얼마나 올랐는지, 마케팅 비용으로 얼마를 지출했고 광고 효과는 어땠는지 등 비즈니스의 모든 영역과 프로세스에서 다양한 정량적 지표를 확인합니다. 데이터는 매일의 일상적인 업무 과정에서 발생하는 비즈니스의 정량적 결과물일 뿐입니다. 디지털 시대에 비즈니스를 하고 있다면 데이터는 본인이 활용하건 하지 않건 어딘가에 쌓이고 있을 수밖에 없습니다. 이렇게 끊임없이 발생하는 데이터를 아주 간단한 수준일지라도 계획적으로 관리해서 활용하는가에 따라 우리는 데이터 비즈니스를 하고 있을 수도, 아닐 수도 있습니다.

미국의 저명한 경영전략 컨설턴트 토마스 데이븐포트Thomas H. Davenport는 '모든 기업은 가까운 미래에 빅데이터를 보유하게 될 것이며, 결국 모든 기업은 데이터 비즈니스를 하게 될 것'이라고 말했습

　　　　　　　　　　　마케팅을 바꾸는 데이터의 힘

니다. 비즈니스에서는 데이터가 발생할 수밖에 없고, 데이터를 적극적으로 수집해서 활용하다 보면 모든 회사의 비즈니스가 데이터를 핵심 동력으로 움직이고 성장할 것이기 때문입니다.

마케팅 분야에서는 어떨까요? 이제 데이터 없이는 시장도 소비자도 경쟁사도 분석할 수 없는 상황임을 부인할 수 없습니다. 지금까지는 주로 개인의 지식과 경험, 직관에 의존해왔지만, 이제는 세부적인 마케팅 활동 실행부터 전사적인 의사결정까지 데이터에 근거한 의사결정과 정량적 평가가 필요합니다.

마케팅의 목표와 **핵심성과지표**Key Performance Indicator; KPI를 정량적인 방법으로 측정해서 증명하지 않으면, 아무리 좋은 성과를 만들었어도 객관적으로 증명할 방법이 없습니다. 마케팅이 성공하면 전략과 실행이 우수했기 때문이고, 성과가 좋지 않을 때는 다른 영향 요인과 변수가 너무 많았다는 식의 상투적 변명은 이제 통하지 않습니다. 소비자와 시장, 경쟁사 인사이트를 얻기 위해서도, 마케팅 목표와 전략을 명확히 수립하고 실행하기 위해서도, 목표를 달성하고 객관적인 평가를 받기 위해서도 이제 데이터 활용은 선택이 아닌 필수입니다.

물론 마케팅을 수행하는 모든 과정에서 수없이 많은 데이터가 쌓이고, 데이터를 활용할 수단과 방법 또한 너무도 많기에, 업무 프로세스를 하루아침에 데이터 중심으로 바꾸기가 쉽지는 않습니다. 변화의 속도에 발맞춰 나 자신과 내가 익숙했던 기존의 업무 방식을 바꾸고, 새로운 것들에 적응해야 하기 때문입니다. 변화와 혁신이란 단어는 우리를 피곤하게 만드는 다소 부담스러운 개념일 수밖에 없습니다. 하지만, 데이터를 배우고 활용하지 않는다면 마케터로서 경쟁력을 높이고 성장할 기회를 스스로 포기하는 셈입니다. 데이터 활용은 이제 선택이 아닌 생존의 문제이며, 모든 비즈니스는 데이터 비즈니스가 될 테니까요.

월마트는 어떻게
급변한 환경에 적응했는가?

우리는 최근 몇 년간 코로나-19 바이러스로 예상치도 못한 힘든 나날을 보내왔습니다. 비대면이 일상이 된 시대, 사회적 거리두기의 장기화는 소비자의 미디어 이용뿐만 아니라 라이프스타일 자체에 커다란 영향을 주었습니다.

맥킨지앤컴퍼니McKinsy & Company의 조사에 따르면 코로나 바이러스로 팬데믹이 시작된 이후로 소비자의 구매 행태가 크게 변화했습니다. [표1.1]에서 보는 바와 같이 우선 기존에 시도하지 않았던 새로운 쇼핑 방법을 시작했다는 답변이 75%, 그리고 새로운 쇼핑 방법을 앞으로도 지속하겠다고 답변한 비율이 무려 73%에 이르렀습니다. 이뿐만 아니라 기존에 이용하지 않았던 새로운 브랜드와 구매채널로 변화를 시도했다는 비율 또한 적지 않았습니다.[1]

소비자가 제품을 구매하는 방식과 채널을 바꾸고 새로운 브랜드

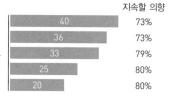

		지속할 의향
새로운 쇼핑 방법	40	73%
다른 브랜드	36	73%
다른 판매자/매장/웹사이트	33	79%
프라이빗 브랜드(PB)	25	80%
새로운 디지털 쇼핑 방법	20	80%

75%
새로운 쇼핑 방법을
시도한 소비자

코로나-19 이후 고객 75%가 새로운 쇼핑 방법을 시도했으며 앞으로도 변화한 쇼핑 방법을 지속하고자 한다.

[표 1.1] 코로나 이후 소비자 구매 행태의 변화

로 빈번히 이동한다면, 기업은 소비자의 변화에 맞춰 빠르게 유통 및 마케팅 전략을 수정해야 합니다. 특히 디지털 채널에서의 구매행동은 다른 옵션으로 이동하기가 쉬우므로 고객의 이탈을 막고 신규 고객을 유치하려면, 변화하는 소비자 구매행동을 이해하고 이들의 요구에 최적화된 고객경험과 편의성을 제공해야 합니다. 소비자의 행동을 분석하고 개개인의 필요에 맞춤화된 마케팅을 제공하는 일이 그 어느 때보다 더 중요해진 이유입니다. 특히 온라인 쇼핑 환경은 오프라인에서의 구매경험과는 완전히 다르며, 소비자를 직접 대면하지 못하므로 소비자의 구매경험이 긍정적이었는지, 부족한 점은 없었는지 파악할 방법이 없습니다. 비대면 채널인 온라인 쇼핑에서 소비자를 이해하는 방법은 데이터 분석밖에 없습니다.

상황이 급변하다 보니 전통적인 기업은 당장 디지털 전환digital transformation에 엄청난 압박을 받고 있습니다. 적극적으로 대응하지 않으면 이커머스 중심의 새로운 플랫폼 비즈니스 경쟁자에게 시장과 고객을 다 빼앗길지도 모를 일입니다. 그래서 오프라인 채널 중심이던 전통적인 기업들은 온라인을 강화할 뿐 아니라 매장에서의 고객 경험을 강화하기 위해 더 적극적으로 데이터를 활용하고 있습니다.

오프라인 대형마트라 하면 떠오르는 이름이 있죠? 네, 바로 월마트 스토어Walmart Store입니다. 전통적인 유통 비즈니스의 대명사인 월마트 스토어는 이러한 변화에 어떻게 대응했을까요? 월마트 스토어는 지난 2017년 12월 '스토어'란 단어를 떼어내고 사명을 월마트로 변경했습니다. 월마트의 CEO 더그 맥밀런Doug McMillon은 '우리는 고객의 선택과 필요에 따라 성장 전략을 바꿔야 하는 유통업체이기에 온라인 쇼핑을 원하는 고객의 니즈에 맞춰 회사 이름을 바꿨다'고 설명합니다. 실제로 월마트는 매장 내 환경, 물류, 접객, 직원 교육에 이르기까지 전 분야에서 디지털 전환을 추진하며 적극적으로 데이터를 활용합니다. 더 나아가 'AI 기업'으로 탈바꿈하기 위한 비전을 하나씩 실행하고 있습니다.

월마트는 오프라인 매장에서도 고객경험을 개선하고자 도심에 인공지능 및 대화형 디스플레이를 활용한 미래형 매장 '인텔리전트 리테일 랩Intelligent Retail Lab'을 운영합니다. 뉴욕 레빗타운에 위치한 월마트 네이버후드 마켓은 5,000여 평의 넓이에 3만여 개의 상품을 취급해 겉보기에는 일반적인 대형마트와 유사합니다. 하지만 카메라와 센서로 매장의 재고 현황을 분석하고 수요를 예측해서 결품 발생을 사전에 방지합니다. 또한 진열대의 센서가 온도와 습도를 체크해 자

마케팅을 바꾸는 데이터의 힘

[그림 1.1] 월마트 매장에서 청소하면서 데이터를 전송하는 AI 로봇 '오토-C'[2]

동으로 관리하는 등 매장 운영을 데이터로 분석하고 통제합니다.

위 [그림 1.1]의 '오토-C^{Automonous Cleaner}'는 월마트가 브레인 코퍼레이션^{Brain Corp}과 제휴해서 개발한 청소로봇으로 사전에 학습시킨 경로를 스스로 운행하면서 매장 바닥을 청소하고, 복도에 사람이나 장애물이 있으면 알아서 피해 다닙니다. 더 놀랍게도 오토-C의 핵심 기능은 사실 청소가 아니라 내장된 카메라와 센서로 데이터를 수집하는 일입니다. 게다가 유동 인구를 파악해 고객이 가장 붐비는 시간이 언제인지를 알려주고, 가격이 잘못 기재된 제품을 찾아내는 등 실시간으로 데이터를 수집하고 고객경험을 개선하는 데 도움을 줍니다.

이와 같은 월마트의 데이터 기반 서비스 혁신은 고객들에게 긍정적인 구매경험을 제공합니다. 뿐만 아니라, 추가로 확보된 데이터는 지속적인 서비스 최적화 및 구매 효율화에 적용되면서, 월마트 비즈니스 전반에서 디지털 전환을 촉진할 것입니다.

데이터 활용의 중요성은 전통적인 기업과 플랫폼 기업 간 차이가 없습니다. 데이터 기반 마케팅의 근본적인 목적은 온오프라인 상관없이 최고의 고객경험을 제공함으로써 소비자들이 구매전환에 이르도록 유도하는 것입니다. 다양한 기기와 채널이 세밀하게 연결된 디지털 환경에서 적극적인 데이터 활용은 효과적이고 효율적인 마케팅을 실현하는, 기업의 가장 큰 경쟁력으로 자리 잡고 있습니다.

나이키는 왜 매출을 포기하고 아마존을 탈퇴했을까?

글로벌 스포츠 브랜드 나이키 NIKE는 2017년부터 글로벌 커머스 플랫폼인 아마존Amazon에 입점해서 직접 제품을 판매했습니다. 사실 아마존에 입점한 이유는 온라인 채널에서의 판매 증대였다기보다 비인가 판매자와 모조품 거래가 통제할 수 없는 수준에 이르러, 본사가 직접 소위 짝퉁 판매를 근절할 목적이 더 컸다고 합니다.

2년여에 걸쳐 나이키는 아마존에서 브랜드를 지키려고 노력했지만, 불법 판매자들은 감시를 피해 다시 새로운 계정을 만들면서 판매를 지속했고, 모조품의 불법 유통 또한 근절되지 않았습니다. 이런 상황에서도 아마존 채널에서 나이키의 매출은 계속 상승했지만, 이 또한 그렇게 달가운 일만은 아니었습니다. 아마존에서 매출이 늘어날수록, 막대한 판매 수수료를 지불해야 했기 때문입니다.

결국 2019년 11월, 나이키는 아마존 탈퇴를 전격 선언하고 아마존에서의 나이키 제품 판매 중단을 결정했습니다. 당시 아마존은 전세계 나이키 매출의 50% 이상을 일으키는 핵심 유통채널이었습니다. 나이키는 왜 엄청난 매출을 일으키는 핵심 유통채널을 포기하겠다고 선언했을까요? 단지 아마존에 지불하는 막대한 수수료에 따른 부담 때문이었을까요?

아닙니다. 진짜 이유는 바로 고객 데이터 때문이었습니다.

나이키는 아마존에서 판매가 아무리 늘어나도 구매 과정에서 쌓이는 수많은 데이터를 확보할 수 없었고, 고객의 구매경험을 설계할 수도, 소비자들과 직접 상호작용할 수도 없었습니다. 아마존은 확보한 고객 데이터를 활용해 다양한 마케팅 활동을 할 수 있었지만, 정작 나이키는 제품 공급 외에는 아무것도 할 수 없었습니다. 브랜드의 중요성을 누구보다도 강조해왔던 나이키는 아마존에 의존하면 할수록 소비자에게 사랑받는 브랜드로 성장하는 기회를 잃고 단순히 제품을 생산해서 공급만 하는 제조업체로 전락할 수도 있겠다는 위기감을 느꼈던 것입니다.

나이키는 뚝심 있게 전략적 의사결정에 따라 자사몰에서 데이터 기반 마케팅과 판매를 강화하기 시작했습니다. 자사몰을 강화한 목적은 역시 고객 데이터를 수집하고 분석해서 개인화 마케팅을 제공하기 위해서였습니다. 고객의 구매경험 최적화로 브랜드와 소비자 간의 상호작용과 관계를 강화하고자 했던 것입니다.

또한, 나이키는 한발 더 나아가 데이터 전문 기업들을 인수하기 시작했습니다. 이미 아마존 탈퇴를 결정하기 이전인 2018년, 데이터 기반으로 수요를 예측하고 맞춤 상품을 추천하는 솔루션 기업 조디악Zodiac을 인수했던 나이키는 2019년 소비 패턴 분석 및 재고 관리 전문 기업인 셀렉트Celect를, 그리고 2021년 데이터 통합 및 분석 전문 회사인 데이터로그Datalogue를 인수하면서 자체적인 데이터 역량 강화를 위해 전략적 투자를 이어왔습니다. 이 모든 투자의 배경은 결국 마케팅에서 고객 데이터가 얼마나 중요한지를 인식했기 때문입니다.

거대 이커머스 플랫폼에서의 유통과 매출 의존도 문제는 비단 나이키만의 고민이 아닙니다. 오늘날 소비자를 상대로 제품과 서비스를 판매해야 하는 모든 기업과 브랜드가 똑같은 상황에 처해 있습니다. 온라인 판매 비중은 점점 더 높아지는데, 거대 이커머스 플랫폼에 의존도가 높다면 소비자와 브랜드의 관계는 오히려 멀어질 수 있습니다. 고객 데이터를 확보할 수 없다면 자사 브랜드만의 고객경험을 직접 설계하고 관계를 유지하기가 어렵습니다. 그래서 최근 강조되는 글로벌 커머스 트렌드가 바로 **D2C**Direct To Customer, 즉 소비자 직거래 유통입니다.

D2C를 추진하는 이유에는 여러 가지가 있겠지만, 가장 핵심은

전통적 리테일 유통 소비자 직거래 유통

제조사

제조사

도매상

유통업사

광고/웹사이트

소매상

소비자

소비자

[그림 1.2] 전통적 리테일 유통과 소비자 직거래 유통

[그림 1.2]에서 보는 바와 같이 기업이 직접 소비자 판매를 진행한다는 점입니다. 즉, 브랜드가 직접 고객 행동 데이터를 분석하고 고객경험을 최적화하는 등 구매 전 과정을 주도합니다. 또한 다양한 유통 과정을 거치면서 발생하는 각종 중간 마진이 줄어들기 때문에 소비자는 보다 합리적인 가격에 좋은 제품을 구매할 기회를 얻습니다.

나이키의 사례만 봐도 알 수 있듯이 이제 데이터를 직접 활용하지 못하면, 브랜드는 존재감을 잃어갈 수밖에 없습니다. 데이터가 없으면 시장과 소비자, 경쟁자 인사이트를 얻지 못합니다. 근거 기반의 전략 수립이나, 효율적이고 효과적인 마케팅을 통한 비즈니스 성장 기회도 놓치겠지요. 결정적으로 브랜드가 데이터의 주도권을 가지지 못하면, 기업은 고객과 상호작용하며 관계를 형성할 기회를 놓쳐 먼 훗날 그저 이름 없는 제조업체로 전락할 수도 있습니다.

마케팅을 바꾸는 데이터의 힘

데이터 없는 비즈니스는 없다.
무엇부터 알아야 할까?

데이터 마케팅은
대기업에서나 가능하다?

앞에서 소개한 여러 사례를 보면, 그저 대기업에 해당하는 이야기 아닌가 하는 생각이 들 수도 있습니다. 하지만 데이터의 활용은 기업 규모와는 상관없다고 생각합니다. 오히려 전통적인 비즈니스 방식에 머무르는가, 아니면 디지털 환경에 발맞추려고 노력하는가에 달려 있습니다. 자본력과 조직을 갖춘 대기업보다는 중소기업의 경우를 예로 들어보겠습니다.

비즈니스 규모가 작을수록 기업은 창업가나 대표자의 판단에 따라 운영될 수밖에 없습니다. 경영자의 지식과 경험 그리고 개인적인 성향이 주요 의사결정에 직접적으로 반영됩니다. 사실 비즈니스 규모가 아주 작은 단계에서는 큰 문제가 되지 않겠지만, 매출이 늘어나고 조직이 커질수록 비즈니스가 경영자 개인의 지식과 경험에 머물러서는 안 됩니다. 경영자의 지식과 경험은 자신만의 것일 뿐, 체계적으로 정리되고 구성원에게 학습되기 어렵습니다. 또한 제품 및 서비스가 출시된 후, 성공이든 실패든 그 원인을 찾기 어렵습니다.

마케팅 또한 마찬가지입니다. 현재 비즈니스 관련 시장의 상황과 트렌드는 어떤지, 경쟁사의 제품 경쟁력과 시장에서의 평가는 어떤지, 우리 브랜드에 소비자는 어떻게 반응하는지 등을 객관적으로 평가할 데이터와 인사이트가 없다면 근거 기반의 마케팅 전략을 수립할 수 없을 뿐만 아니라 성공적인 결과를 기대하기 어렵습니다. 마케팅의 성공 여부를 그저 운에 맡기는 것과 다르지 않습니다.

기업의 마케팅 활동은 자신에 대한 객관적 평가와 현실 직시에서 시작되어야 합니다. 비교적 큰 기업은 대부분 오랜 기간의 비즈니스 경험과 운영 노하우가 쌓여 있고 이미 많은 고객 데이터를 확보하고 있어서, 비즈니스를 둘러싼 상황을 비교적 잘 파악하고 있는 경우가 많습니다. 신제품을 출시할 때 새롭게 시장과 경쟁사, 소비자 데이터를 분석하는 등 다양한 방법으로 소비자 반응을 사전 조사하여 제품 및 마케팅 전략에 반영하므로 안정적으로 시장에 안착할 가능성이 커집니다.

이에 비해 중소기업이나 소상공인은 어떨까요? 대기업처럼 탄탄한 조직과 시스템을 갖추기 어려운 상황에다가, 제품 개발과 연구에

마케팅을 바꾸는 데이터의 힘

예산을 투자하거나 전문 인력을 확보하는 일 또한 쉽지 않습니다. 설령 마케팅팀을 꾸리거나 담당자를 채용하더라도 제품과 마케팅 활동을 개선하는 과정을 체계화하기에는 업무 우선순위나 적절한 예산 마련과 같은 현실적인 걸림돌이 많습니다. 어떻게 하면 체계화된 조직과 시스템 없이도 비즈니스 과정에서 경험치와 관련된 데이터를 얻을 수 있을까요? 그리고 어떻게 인사이트를 얻어 최적화된 제품과 차별화된 마케팅 전략을 수립할 수 있을까요? 시작은 아주 기초적인 데이터부터 활용해보시길 권합니다.

반복적인 분석이
선순환의 비결

데이터 분석으로 얻은 인사이트를 제품 및 서비스로 발전시켜 성공적인 마케팅 활동으로 잇는 선순환을 경험해보고 싶다면 제품 개발이나 마케팅, 고객 응대 등 어떤 영역에서든 최소한의 데이터라도 확보해서 분석해봐야 합니다. 첫술에 배부를 수는 없습니다. 활용할 만한 데이터 분석 도구가 없다면, 스프레드시트만 잘 활용해도 됩니다. 분석해야 할 항목에 해당하는 데이터를 모아 최소 단위로 나누어 붙이고 조건별로 그 차이를 분석하면 됩니다. 시계열적인 차이가 있는지, 채널별로 차이가 있는지 비교하는 것만으로도 의미 있는 시작입니다. 핵심은 의사결정 과정에서 실제 데이터에 근거해 인사이트를 도출하려는 최소한의 노력, 작은 실행을 해보는 것입니다.

예를 들어보겠습니다. 먼저, 전문가를 활용한 정량조사나 정성조사가 어렵다면 직접 설문조사를 하거나 게시판, 구매 후기, 댓글 등을 관찰하면서 자료들을 분류하고 정리하는 것만으로도 큰 의미가 있습니다. 소비자 의견을 긍정과 부정의 정도에 따라 정량적인 수치로 기록해놓은 자료도 분석 가능한 데이터입니다. 그리고, 조사를 거쳐 확보한 데이터와 인사이트를 토대로 계획을 세웁니다. 거창한 계획일 필요는 전혀 없습니다. 제품이나 서비스의 작은 개선부터 마케팅 활동에 이르기까지, 현실 가능한 범위 내에서 세우면 됩니다.

이제, 준비한 계획을 실행에 옮깁니다. 실행 과정에서 예기치 못한 상황이 발생하더라도 잘 대응해가면서 계획했던 바를 끝까지 실행합니다. 실행이 완료되었다면 그 결과와 반응을 모니터링하고 가능한 정량적으로 측정합니다. 시장과 소비자가 어떻게 반응했는지를 살펴보고, 정량적인 데이터로 기록해서 그 원인을 파악하고 함께 기록해둡니다. 실행 결과가 성공이든 실패이든 간에 결과와 원인을 분석해 남겨둡니다.

마지막으로, 실행 과정에서 얻은 평가 데이터를 분석하고 이를 통해 확보한 인사이트를 다음 프로세스에 적용해봅니다. 말씀드린 것처럼 이 과정은 한 번에 끝나선 안 됩니다. 끊임없이 반복하면서 최적화하고, 조금 더 발전적인 방향으로 계속 선순환시키는 프로세스로 기능해야 합니다. 그리고 가능한 정량적인 데이터로 수치화해서 관리한다면 변화 추이를 관찰하면서 그 성과를 쉽게 파악할 수 있을 겁니다.

이런 과정을 반복하다 보면 우리는 어느새 내 제품과 서비스를 조금 더 객관적으로 이해하고, 데이터를 기반으로 시장과 소비자의 요구에 최적화되어 갈 수 있습니다. 그리고 치열한 경쟁 환경 속에서, 내 제품과 서비스의 장단점을 찾고 차별화할 기회를 얻을 수 있을 것입니다. 아주 기초적인 데이터라도 가능한 정량적으로 분석하는 것이 좋으며, 일정 기간 이상 반복적으로 분석하고 관리할 필요가 있습니다.

직관과 경험은
이제 최선이 아니다

지금까지의 전통적인 마케팅은 대기업이나 중소기업 할 것 없이 대부분 사람의 지식과 경험을 기반으로 했습니다. 물론 각종 소비자 조사 등 정량적인 분석을 진행하면서 인사이트를 얻어왔지만, 결국 마케팅 실무자나 의사결정자가 개인적으로 경험한 실패와 성공의 결과로 학습한 직관을 바탕으로 전략을 수립하고 실행해왔습니다.

경험 기반의 전통적인 마케팅 접근이 모두 의미 없거나 효과가 없다는 말이 아닙니다. 사람의 지식과 경험 그리고 이를 통한 인사이트는 데이터를 활용할 때에도 꼭 필요합니다. 그러나 여기서 가장 중요한 점은, 의사결정의 근거가 무엇인가의 차이입니다. 하나의 전략이 모든 상황에 들어맞을 수 없듯이 사람의 경험에는 한계가 있습니다. 아무리 지식이 뛰어나고 경력이 풍부한 마케팅 전문가일지라도 늘 새롭게 등장하는 예측 불가의 시장 상황에 똑같이 적용할 수 있는 정답을 가진 사람은 없습니다. 마케터가 변화하는 미디어 환경과 소비자 구매 의사결정 과정을 끊임없이 공부하고 업데이트하더라도 얻을 수 있는 지식과 인사이트의 양에는 한계가 있으며 시간이 흐르면 조금씩 내용을 망각하게 마련입니다. 이렇듯 두뇌가 허용하는 학습 능력과 연산 능력에는 시간적·양적 한계가 있을 수밖에 없습니다.

반면 데이터는 오랜 기간 축적될수록, 그 양이 많아질수록 사람과 비교할 수 없는 수준의 정확성과 예측력을 가집니다. 새로운 데이터는 계속해서 공급되며, 변화의 추이를 기록합니다. 그리고 머신러닝으로 분석하고 딥러닝으로 스스로 학습하면서 사람이 파악할 수 없는 양과 깊이의 인사이트를 끊임없이 제공합니다. 또한 데이터는 과거와 현재에 발견한 현상의 패턴을 분석함으로써 앞으로 일어날 미래의 일을 예측한다는 측면에서 시간적 제약을 뛰어넘습니다.

데이터 기반 마케팅의 또 다른 장점은 객관성입니다. 어떤 마케터가 특정한 마케팅 방법으로 몇 번의 성공을 거두었다고 가정해봅시다. 마케터는 그 방법을 성공 방정식으로 생각할 가능성이 크지요.

마케팅을 바꾸는 데이터의 힘

제품과 시장 상황을 고려하지 않은 채 예전에 성공한 방법을 고집하는 사람을 실제 업무 현장에서 자주 봅니다. 여러분도 잘 아시다시피, 모든 상황에서 똑같이 성공적인 결과를 만들어내는 마케팅 방법론은 없습니다. 하지만, 데이터 기반 마케팅은 데이터의 양이 많아질수록 편향성 또는 왜곡이 줄어드는 동시에 객관성과 대표성이 높아집니다. 또한 영향을 줄 수 있는 다른 변수들을 미리 파악하고 사전에 통제할 수 있습니다. 현실적인 상황을 보다 객관적으로 파악하고 추측이 아닌 사실에 기반한 최선의 의사결정이 가능한 것입니다.

조금 오래된 드라마입니다만, 대형 백화점 오너의 3세인 남자 주인공이 나이 지긋한 임원들과 회의를 진행하거나 결재를 받을 때 항상 이런 이야기를 하는 장면이 나오더군요. "이게 최선입니까?" 매번 상대방을 쏘아보며 이렇게 이야기하니 임원들은 어떻게 대답할 줄 몰라 당황합니다. 비단 드라마 이야기가 아니라 실제로 비즈니스와 마케팅 의사결정을 할 때 자주 등장하는 모습입니다. 아무리 훌륭한 계획 같아 보여도 그 계획이 정말 최선의 계획인지 예측하기는 어렵습니다. 더군다나 그 결과를 자신이 책임져야 하는 임원이나 리더라면 더욱 그 계획이 최선인지를 최종 의사결정자 앞에서 자신 있게 말하기 어려울 겁니다. 하지만 계획이 시장과 소비자 데이터 인사이트를 기반으로 준비되었고, 그 근거가 명확한 데이터로 제시된다면 이게 최선이냐는 물음에 적어도 '최선'의 계획임을 자신 있게 대답할 수 있지 않을까요? 직관이나 경험에 의존한 판단이 아닌, 데이터 분

석을 기반으로 한 전략은 추측이나 막연한 희망이 아닌 명확하고
객관적인 판단의 근거가 있으니까요.

마케팅을 바꾸는 데이터의 힘

데이터는 재료일 뿐, 완성은 마케터에게 달렸다

데이터는 많이 보유한다고 다 좋은 것도 아니며, 데이터가 모든 문제를 해결해주는 것은 더더욱 아닙니다. 데이터의 양이 아무리 많고 AI가 아무리 발전해도, 단순한 실행과 관련된 의사결정 외에 전사적인 마케팅 전략 수립이나 의사결정을 전적으로 AI에게 맡길 수는 없는 일입니다. 지금도 AI로 마케팅 과정 일부를 자동화하고는 있지만, 결국 마케팅 실무자의 분석과 최고 의사결정자의 판단 및 조율이 필요합니다. 데이터는 사람이 주도하는 마케팅 전략과 전술적 활동을 더 효율적이고 효과적으로 만들어주는 역할일 뿐입니다.

데이터는 누가 어떻게 이용하느냐에 따라서 그 가치와 영향력이 크게 달라집니다. 우리가 주목해야 할 점은 사람의 경험과 지식을 충분히 활용하되, 데이터에서 얻은 인사이트를 전략에 반영하고 근거 기반의 의사결정을 한다면 성공적인 결과를 만들어낼 가능성이 훨씬 더 커진다는 사실입니다. 마케터의 지식과 경험에 데이터 인사이트라는 근거가 더해질 때 더 나은 전략과

데이터 드리븐 마케팅을 가장 많이 활용하는 영역
"현재 데이터 드리븐 마케팅이 가장 유용한 분야는 무엇인가?"

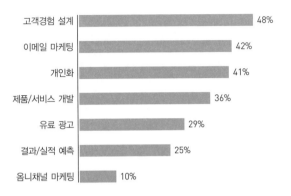

[표 1.2] 가장 많이 활용되는 데이터 드리븐 마케팅 영역[3]

실행 결과를 기대할 수 있습니다.

데이터를 활용하는 일은 비즈니스 전반에 걸쳐 많은 유익을 가져다줍니다. 특히, 데이터는 소비자를 직접 상대하면서 제품을 판매하고 긍정적인 고객 관계를 유지해야 하는 마케팅 영역에 많은 도움을 줍니다. 또한 데이터는 위의 [표 1.2]와 같이 고객의 전체적인 구매 여정 파악과 긍정적인 고객 경험 설계, 이메일 마케팅, 개인화 마케팅과 제품 개발 등 활용 범위가 점점 다양해지고 있습니다.

1장에서는 데이터가 왜 중요하고 어떤 목적으로 활용되는지를 살펴봤습니다. 본격적으로 2장에 들어가기 전에, 데이터의 활용이 마케팅에 줄 수 있는 긍정적인 영향은 무엇인지 대표적인 내용을 다음과 같이 간략히 정리해보고자 합니다.

마케팅을 바꾸는 데이터의 힘

① 더 나은 마케팅 의사결정 기회 제공

데이터는 현상의 원인을 파악하고 문제를 해결할 근거를 제시해줍니다. 또한 여러 가설을 놓고 다양한 방식으로 실험해보면서 사전에 효과를 검증한 뒤 더 나은 전략적 마케팅 의사결정을 할 수 있습니다.

② 최신의 전략 인사이트 실시간 확보

데이터를 정기적으로 수집하고 있다면, 데이터를 확인하고 분석하는 그 시점이 가장 최신의 인사이트를 얻는 순간입니다. 새로운 데이터는 끊임없이 쌓이고, 언제든 분석하고자 하는 시점에 과거부터 가장 최신의 데이터를 모두 분석해서 원하는 인사이트를 얻을 수 있습니다.

③ 마케팅 프로세스 및 효율 개선

데이터는 마케팅 전략 수립부터 광고 및 크리에이티브에 이르기까지 마케팅 전 과정에 필요한 인사이트를 제공해줍니다. 또한 고객 의사결정의 초기 단계부터 구매전환에 이르기까지, 전 과정에서 획득한 데이터는 각 단계의 효율을 개선하고 다음 단계로의 전환율을 높이는 데 활용됩니다.

④ 소비자 행동에 대한 예측 가능성 향상

동일 측정 지점˚에서 수집되는 데이터는 시간이 지나고 양이 많아질수록 정확성이 높아집니다. 데이터에서 일정한 패턴을 파악하면 이후에 일어날 일들에 대한 예측 가능성 또한 높아집니다. 소비자의 행동을 예측할 수 있으니 그 행동과 관련된 마케팅 목표를 달성할 가능성 또한 높아지는 것입니다.

⑤ 고객경험 개선 및 최적화

소비자는 구매 과정에서 다양한 데이터를 남깁니다. 특히 구매채널 가운데 어느 경로에서 구매전환이 잘 이루어지고 반대로 어느 지점에서 이탈이 많이 발생하는지 그 원인을 찾아 해결 또는 강화하면서 고객의 구매경험을 최적화할 수 있습니다.

⑥ 신규 비즈니스 및 신제품 개발 기회 제공

데이터는 시장과 소비자, 경쟁사 활동과 관련한 다양한 정보를 제공해 줍니다. 데이터 분석은 시장의 흐름과 빠르게 변화하는 소비자 니즈를 파악하도록 돕습니다. 그럼으로써 새로운 비즈니스 기회를 포착하고 경쟁사보다 발 빠르게 소비자 니즈에 맞는 신제품을 개발할 기회를 만들어내지요.

이외에도 마케팅 영역에서 데이터를 적극적으로 활용해야 하는 이유는

------

* 동일한 단계 또는 위치에서 동일한 목적을 갖고 측정한다는 뜻이다. 현재뿐만 아니라 과거, 미래까지 포함된다.

마케팅을 바꾸는 데이터의 힘

많습니다. 무엇보다 중요한 것은 여러분이 마케터로서 데이터의 필요성과 중요성을 인식하고, 데이터를 활용할 개인적 능력과 환경을 구축하는 일입니다. 기존에 일해오던 방식, 편안한 방식에 안주하기보다는 다소 어렵고 부담스럽게 느껴질지라도 데이터를 활용할 역량을 갖추어야 합니다. 데이터를 이해하고 활용하는 능력, 즉 데이터 리터러시data literacy는 오늘날 실무 현장에서 활동하는 마케터의 기본 역량이며, 데이터 리터러시를 갖춘다면 마케터로서 여러분의 경쟁력은 훨씬 더 높아질 것입니다.

2장

데이터는
마케팅을 어떻게
혁신하는가?

체계는 탄탄하게, 피드백은 빠르게, 변화는 유연하게

옴니채널의 시대, 무엇이 고객경험을 좌우할까

여러분은 평소 필요한 물건을 구매하거나 원하는 서비스를 이용하기 전에 가장 먼저 어떤 행동을 하나요? 너무도 당연하게 무엇인가를 사고 싶으면 조금 더 자세한 정보를 얻기 위해서 '검색'을 할 것입니다.

지금 대부분의 젊은 세대에게는 검색엔진의 존재가 공기처럼 너무도 당연하겠지요. 소위 MZ세대 분들에게는 '믿거나 말거나' 할 정도의 옛날 이야기입니다만, 인터넷이 상용화되어 서비스되기 이전에는 대중매체 광고 이외에 제품이나 서비스와 관련된 정보를 얻을 수 있는 채널이 그리 많지 않았습니다. 이제 소비자 구매 의사결정 과정에서 '검색'은 빼놓을 수 없는 한 축으로 자리 잡았으며, 이는 인터넷의 등장이 만들어놓은 가장 큰 변화 가운데 하나입니다.

검색엔진 이후 소비자의 미디어 이용 행태와 구매행동에 영향을 준 큰 사건을 하나 더 들자면 '소셜미디어'의 등장이라고 생각합니다. 기존의 온라인 커뮤니티가 특정 관심사를 중심으로 모인 폐쇄적 사용자 그룹closed user group 형태였다고 한다면, 소셜미디어는 친한 사람들부터 시작해서 그들의 친구, 친구의 친구로 이어져 새로운 관계가 밖을 향해 지속적으로 연결되는 개방형 커뮤니티 네트워크라고 할 수 있습니다. 특정 관심사를 중심으로 모여 있다기보다는 신뢰할 수 있는 개인들의 인적 네트워크를 중심으로 새로운 관계가 끊임없이 확장되는 구조입니다.

소셜미디어가 소비자 구매 의사결정 과정에 상당히 큰 영향을 주고 있다는 사실은 다양한 연구 및 리포트에서 공통적으로 주장하는 바입니다. 한 조사기관에 따르면 소비자의 92%는 다른 어떤 광고 형태보다도 친구나 지인 사이의 구전과 추천을 훨씬 더 신뢰한다고 밝혔습니다.[1] 조사 결과를 인용하지 않더라도 여러분 자신의 경험을 떠올려보면 충분히 공감하시리라 생각합니다. 친구의 소셜미디어 피드에 어떤 제품에 대한 긍정적인 경험과 평가가 올라오면 어느새 그 제품을 검색하고, 결제 버튼을 누르려는 자신을 종종 발견합니다. 그만큼 지인의 만족스러운 구매경험 공유는 브랜드가 직접 메시지를 전하는 광고보다 훨씬 영향을 많이 줍니다.

마케팅을 바꾸는 데이터의 힘

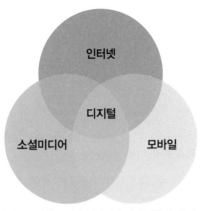

[그림 2.1] 디지털로 인한 소비자 의사결정 과정 변화의 세 가지 핵심 요인

　소셜미디어 외에 소비자 구매 의사결정 과정에 큰 영향을 준 또 다른 사건은 모바일 기기의 등장입니다. 모바일은 인터넷과 소셜미디어를 내 손안에서 시간과 공간의 제약 없이 이용할 수 있도록 만들어주었으며, 인터넷과 소셜미디어가 소비자의 삶에 깊숙하게 침투하는 기폭제 역할을 했다고 해도 과언이 아닙니다. 모바일의 등장은 단지 온라인 소비자 행동에 영향을 미치는 데 그치지 않고 온오프라인 구분 없이 커다란 영향을 주었습니다. 구글 조사에 따르면 스마트폰 사용자의 82%가 오프라인 매장에서 쇼핑할 때에도 스마트폰으로 정보를 검색한다고 합니다.[2] 이미 우리는 온라인과 오프라인 채널의 구분조차 무색해지는 이른바 옴니채널omni-channel의 시대에 살고 있습니다.

더 많이 검색하고 비교해서
구매하는 사람들

디지털 환경에서 소비자 의사결정 과정의 변화에 따른 새로운 대안을 설명하기 전에, 지금까지 소비자 의사결정 모델의 토대가 되어온 고전적 커뮤니케이션 효과 모델을 간략하게 정리하고 넘어가볼까 합니다.

가장 기초적이고 오래된 커뮤니케이션 효과 모델은 아래 [그림 2.2]의 **AIDA 모델**입니다. 미국의 사업가로 알려진 엘모 루이스E. St Elmo Lewis가 1898년 제시한 모델로 커뮤니케이션 효과 모델의 거의 시초라고 볼 수 있습니다.[3]

이 모델에 따르면 소비자는 실제 구매행동을 일으키기까지 여러 단계를 거치는데, 이 단계는 주의Attention, 관심Interest, 욕구Desire, 행동 Action으로 구분됩니다. 이 네 단계는 예나 지금이나 크게 다를 바 없어 보이지만, 소비자의 생활과 미디어 환경이 점점 복잡해지면서 AIDMA[*], AIDCA[**] 모델 등으로 발전했습니다.

단계	인지	/	태도	/	행동
AIDA 모델	주의 →	관심 →	욕망 →	구매

[그림 2.2] 고전적 커뮤니케이션 효과, AIDA 모델

마케팅을 바꾸는 데이터의 힘

하지만 디지털로 인한 미디어 환경 변화가 너무 빠르고 복잡해지는 바람에, 전통적인 소비자 의사결정 모델로는 소비자 행동을 예측하거나 대응할 수 없는 상황에 이르렀습니다. 최근에는 디지털 환경에서 가장 중요한 요소인 '검색' 행동을 모델에 반영한 AISAS*** 모델이 널리 활용되고는 있지만, 이 역시도 오늘날의 복잡한 소비자 의사결정 과정을 설명하기에는 한계가 있습니다. 소비자 의사결정 과정은 더 광범위하게 확장하고 세분화해서 살펴볼 필요가 있습니다.

개인적으로 기존의 전통적 모델은 마케팅이나 광고의 커뮤니케이션 효과만을 다루고 있어, 온오프라인에서 소비자가 구매에 이르기까지 겪는 다양한 고객경험의 과정을 간과한다는 것이 단점이라고 생각합니다. 실제로 구매의향을 품은 소비자가 '검색' 이후 다양한 채널에서 제품 정보를 비교 검토하고, 특정 구매채널(온라인 또는 오프라인) 내에서도 구매하기까지 다양한 마케팅 요인들이 복합적인 영향을 미치는데, 기존 모델에서는 이런 단계들이 고려되지 않았습니다.

이러한 전통적 모델의 제약을 개선하고자 제시된 새로운 접근법이 바로 **AARRR 모델**입니다. 사실 이 모델은 전통적 커뮤니케이션 효과 모델과 소비자 의사결정 모델을 보완한다기보다는, 기존 모델이

---

* AIDMA: 주의Attention, 관심Interest, 욕망Desire, 기억Memory, 행동Action

** AIDCA: 주의Attention, 관심Interest, 욕망Desire, 확신Conviction, 행동Action

*** AISAS: 주의Attention, 관심Interest, 검색Search, 행동Action, 공유Share

놓치던 구매 과정 또는 고객경험의 과정을 자세하게 살펴보기 위해 몇 가지 새로운 단계를 추가했다고 보는 것이 맞습니다. 기존 모델로는 소비자가 제품 및 브랜드를 '주의'하는 것에서 '욕망' 단계를 거쳐 '구매행동'에 이르는 중간 과정을 설명하기 어렵지만 AARRR 모델은 그 부분을 세분화합니다.

AARRR 모델은 실리콘밸리의 사업가이자 투자자인 데이브 맥클루어Dave McClure가 제시한 모델입니다. 그는 많은 스타트업 회사가 복잡한 지표들 사이에서 혼란스러워한다는 사실을 알게 된 후 이들을 도울 프레임워크를 제시하고자 크게 두 가지 목적을 가지고 이 모델을 개발했다고 합니다.

첫째, 스타트업이 비즈니스에 도움이 되는 핵심지표에만 집중할 수 있도록 돕기 위해서입니다. 둘째, 제품과 마케팅 활동의 성과를 측정하면서 발견한 문제점을 주도적으로 해결하고 올바른 데이터를 활용할 수 있도록 돕기 위해서입니다.[4] 여담입니다만, AARRR을 한 단어로 발음하면 다소 우스꽝스러운 '아르~'이기 때문에 스스로 이 모델을 해적지표pirate metrics라고 불렀다고 합니다.

AARRR 모델은 고객 획득Acquisition, 활성화Activation, 유지Retention, 수익Revenue, 추천Referral의 다섯 단계로 구성됩니다. 앞에서 언급한 것처럼 커뮤니케이션 과정보다는 소비자가 광고에 반응하여 브랜드와 만나고 다양한 경험을 거쳐 구매로 전환된 후 이 경험을 다른 사람과 공유하는 과정을 보여주는 지표이자 프레임워크입니다. AARRR 모델에 대한 더욱 구체적인 설명과 이를 활용한 그로스 마케팅Growth Marketing은 5장에서 자세히 다룰 예정이며, 여기에서는 이 모델이 등장한 배경과 개념에 관해서만 설명하겠습니다.

개인적으로 전통적인 마케팅과 디지털 마케팅, 그리고 데이터를 활용한 그로스 마케팅까지 관련된 이론과 실무를 모두 경험해본 사람으로서, 전통적 모델과 AARRR 모델은 하나로 연결해야 완벽해지는 두 가지 큰 틀이라고 생각합니다. 즉, 전통적 모델이 커뮤니케이션 측면에서 소비자 의사결정 과정을 분석하는 틀이라면, AARRR 모델은 실제 브랜드 경험부터 구매까지 아울러 고객경험 전반을 분석하는 틀이라고 할 수 있겠습니다. 이 두 모델은 서로 다른 두 개의 모델이 아니라 아래의 [그림 2.3]과 같이 하나의 연결된 구조로 생각해야 소비자 구매 의사결정 과정 전체를 올바로 이해할 수 있습니다.

물론 아래의 통합 모델 역시도 소비자 구매 의사결정 과정에서 일어나는 모든 상황을 설명하지는 못합니다. 하지만, 적어도 소비자가

[그림 2.3] 하나로 연결되는 AISAS 모델과 AARRR 모델

제품을 최초로 인지한 순간부터 최종 구매에 이르기까지 모든 단계를 끊어짐 없이 분석할 수 있다는 점에서 디지털 시대, 데이터 드리븐 마케팅 시대에 적합한 통합적인 접근이라고 생각합니다.

스포티파이와 토스는 어떻게
업무 프로세스를 혁신했는가?

소비자의 취향은 더욱 개인화되고 트렌드 변화는 더욱 빨라지는 지금의 상황에서 전통적인 업무 프로세스만으로는 변화의 속도를 따라가기가 쉽지 않습니다. 그래서 최근에는 제품이나 서비스 개발 초기부터 시장과 소비자 니즈, 경쟁 상황을 빠르게 분석해서 반영하기 위해 '최소한의 기능'만을 갖춘 제품이 많이 출시됩니다. 신제품 개발에 많은 시간과 자원을 한꺼번에 투입하기 어려운 스타트업이 자주 활용하는 방식입니다.

평소 린 스타트업Lean Startup이나 애자일Agile이라는 개념을 들어보셨을 것입니다. 사실 두 개념의 출발점과 적용 대상은 사뭇 다르지만, 비슷한 목적을 지향하기에 혼용해서 사용되기도 합니다.

린 스타트업은 미국의 벤처 사업가 에릭 리스Eric Ries가 처음 사용한 개념[5]입니다. 제품 아이디어를 도출해서 최소 요건 제품Minimum Viable Product; MVP*을 빠르게 출시한 뒤 시장 반응을 바탕으로 제품을 지속적으로 개선해가며 완성도를 높이는 일련의 방법론을 의미합니다.

마케팅을 바꾸는 데이터의 힘

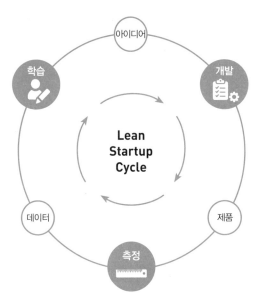

[그림 2.4] 린 스타트업 사이클

전통적인 시장에서 제품을 출시 전까지 극비로 관리하며 완벽한 품질의 제품을 내놓기 위해 전사적인 노력을 기울이던 방식과는 많이 다릅니다.

린 스타트업 방식에서는 위 [그림 2.4]에서처럼 아이디어를 비즈니스 모델 가설로 빠르게 검증하고 이를 최소 요건 제품으로 제작합니다. 이후 제품에 대한 소비자 데이터를 측정하고 분석해서 제품 개

＊ 소비자 문제 해결과 욕구 충족의 관점에서 가장 본질적인 최소 요건과 기능을 갖춘 상용화 제품을 의미한다.

선에 적용합니다. 그리고 제품이 출시된 상태에서 이러한 과정을 계속 반복해나가며 제품을 시장과 소비자 니즈에 최적화하고 완성도를 높여나갑니다.

스포티파이Spotify는 스웨덴에 본사를 둔 음악 스트리밍 서비스로 전 세계인의 사랑을 가장 많이 받는 스트리밍 앱입니다. 음악 애호가들을 위한 스트리밍 서비스의 부재를 아쉬워하던 대니얼 에크Daniel Ek 와 마틴 로렌존Martin Lorentzon은 굳이 파일을 내려받거나 기다리지 않아도 스트리밍 기술로 바로 음악을 즐긴다는 핵심 기능에 집중하여 2007년 베타 서비스를 오픈했습니다.

베타 서비스 런칭 이후 이들은 데이터를 분석해 소비자들이 음악 스트리밍 서비스에서 복잡한 인터페이스와 기능을 필요로 하지 않는다는 인사이트를 발견했습니다. 이를 바탕으로 스트리밍 음질과 속도에 집중했지요. 어느 정도 사용자 기반이 생긴 후 고객 데이터와 피드백 분석으로 얻은 인사이트를 바탕으로 꼭 필요한 추가 기능만을 확장해나갔습니다. 프리미엄 버전, 음악 공유 기능, 재생 목록 관리 등 단순히 '기능을 위한 기능'이 아니라 고객이 꼭 필요로 하는 기능만을 단계적으로 확장한 것입니다. 린 스타트업 방식의 모범적인 사례라고 할 수 있겠습니다.

한편, **애자일**은 2000년대 초반 소프트웨어 개발자들이 초기 문서 작업과 설계에 너무 많은 시간과 노력을 투입하고, 전사 차원의 대규모 프로젝트를 진행해야 했던 전통적 업무 프로세스의 대안으로 제시된 개발 방법론입니다. 애자일의 '기민한,' '민첩한'이라는 뜻처럼 소프트웨어 개발 과정을 더욱 세분화하고 이를 빠르고 신속하게 진행하되, 특정한 기준이나 프로세스에 얽매이지 않고 유연하게 대처하며 협업하는 방식입니다.

애자일 방식이 알려지고 널리 활용되기 전에는 스타트업에서도 전통적인 방식과 다름없이 분야별로 명확한 팀 구분이 있었고, 단계별로 업무를 전달하면서 프로젝트를 진행하는 일이 많았습니다. 이런 방식을 폭포수 방식Waterfall 방식이라고 부릅니다. 물이 위에서 아래로 떨어지듯이 업무가 다음 단계로 자연스럽게 이어지지만, 폭포에서 떨어지는 물이 거슬러 올라가기 어렵듯이 문제 해결을 위해 업무 프로세스의 앞과 뒤를 자유롭게 오가며 일하기 어려운 물리적 상

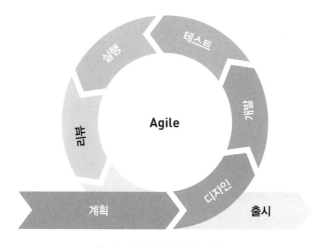

[그림 2.5] 애자일 방식의 사이클

황을 빗대어 부르는 용어입니다.

서비스를 기획할 때를 예로 들어보겠습니다. 기획자는 서비스 기획서를 만들어 UX 디자이너에게 넘기고, 완성된 UX 설계는 UI 디자이너에게 넘어갑니다. 완성된 UI 디자인을 기획자가 확인하고 UX 단계에서 기획 의도가 제대로 전달되지 않은 부분을 또다시 수정합니다. 이렇게 몇 번의 핑퐁을 거쳐 완성한 UI 디자인을 개발팀에 넘깁니다. 기획자가 개발이 완성된 프로토타입을 점검하다가 UX 설계에서 문제를 발견하면 다시 UX를 수정한 후 UI와 개발 수정을 반복합니다. 아마도 지금도 비슷한 경험을 하고 계신 분들이 많으리라 생각합니다. 이때 애자일한 조직 구조와 문화가 갖춰져 있지 않다면 위 과정은 엄청난 스트레스와 비효율을 일으킵니다.

여러분도 잘 알고 계시는 토스TOSS는 적극적인 애자일 조직문화로 널리 알려진 회사입니다. 토스는 사일로Silo와 챕터Chapter라는 일종의 유기적 형태의 조직을 운용합니다. 사일로는 일반적인 회사의 팀처럼 특정 프로젝트를 담당하는 팀으로 8~9명으로 구성되며, 팀장이 의사결정을 전담하지 않고 모든 구성원이 최종 의사결정을 할 수 있습니다. 챕터는 동일 직군의 직원을 묶어놓은 커뮤니티와 같은 조직인데 이들은 수시로 모여 해당 전문 분야의 인사이트를 공유하고 각자 맡은 프로젝트에 관한 조언을 주고받습니다. 또한 인터널 트라이브Internal Tribe팀을 따로 두고 있는데, 이 팀은 일반 회사의 경영지원팀과는 달리 토스의 구성원들이 애자일하게 일할 수 있도록 돕는 내부 프로덕트를 제공하는 팀입니다. 자체 데이터 분석부터 공문 발송, 계약, 법무 검토를 돕는 툴과 사내 커뮤니케이션을 원활하게 하는 메신저 봇까지 내부 직원만 사용하는 제품을 지금까지 50여 가지 이상 만들어 제공했습니다.

한편 컬쳐 에반젤리스트Culture Evangelist 팀은 애자일 방법론에 중점을 둔 사내 문화를 전파하는 역할을 담당합니다. 급격하게 성장하는 조직에서 신규로 입사한 직원들이 기존의 문화를 일관되게 학습하고 빠르게 적응할 수 있도록 온보딩 프로세스, 주차별 팀리더 Q&A 세션, 반기별 전사 차원 얼라인먼트 위크Alignment Week 행사를 진행합니다. 이러한 행사는 또한 전 계열사가 투명하게 정보를 나누고 성과와 목표를 공유하도록 돕습니다.

토스의 애자일 문화는 실제 업무에서 많은 성과를 보여주었습니다. 그중에서도 가장 인상 깊은 사례는 '긴급재난지원금 사전 신청' 서비스 개발이 아닐까 싶습니다. 정부의 긴급재난지원금 지급이 결정된 후 소비자들이 긴급재난지원금 조회에 어려움을 겪고 있다는 문제를 발견한 데에서 시작해 토스의 여러 팀이 사내 메신저로 정보를 수집하고 서비스 기획, 디자인, 개발까지 단 이틀 만에 완성해서 서비스를 정식 오픈한 믿기 어려운 사례입니다. [그림 2.6]은 이틀 동안 토스의 직원들이 사내 메신저에서 실시간으로 긴박하게 협업한 흔적입니다.[6] 아마도 기존의 전통적인 은행이었다면 아이디어 제시부터 개발 완료까지 몇 달은 걸리지 않았을까요?

00:04 "긴급재난지원금 조회가 어렵다는데, 우리가 해보면 어떨까요?"

 ○○○ 12:04 AM
안녕하세요, 긴급재난지원금 조회 서비스가
공인인증서 때문에 조회하기 어렵다는 기사를 보고
스크래핑으로 될 수 있지 않을까 싶어서 문의드리러 왔습니다.

14:30 "좋아요!" #guild- 재난지원금 채널 생성

 △△△ 2:26 PM
set the channel description:
5월 11일 오픈하는 카드사 재난지원금 신청 CA&Scraping한다.
끝나면 폭파!

15:39 각 카드사별 긴급재난지원금 신청 방법 정리

 ◇◇◇ 3:39 PM
**님이 정리해주신 카드사별 재난지원금 신청 방법입니다.
사이트에 있는 공지사항을 보고 정리해주셨습니다.

> **
> 해당 문서에 카드사별로 정리하겠습니다

15:52 토스 앱에서 잘 보여줄 수 있는 최적의 방법 세팅

 □□□ 3:52 PM
좋아요!

> 알림 상단 핀
> 전체 탭 메뉴 등록과 신규 탭에 바로 넣을게요
혹시 재난지원금에 프로모션을 붙이시게 되면 기간 한정 이벤트
영역으로 올리겠습니다.

19:30 본격 킥오프 미팅

 ■■■ 9:46 PM
@here
회의 내용 정리드립니다.
누락된 부분이나, 모호한 부분은 편하게 말씀 주세요~!
■ 웨이팅 리스트는 ASAP 오픈을 목표로 한다(아마 토요일).
■ 월요일 아침 7시부터 13층에 모여서 war room 형태로 일한다.

11:00 긴급재난지원금 사전 신청 서비스 오픈

 ■■■ 10:55 AM
replied to a thread: 11시 오픈 준비 체크리스트...
11시에 예정대로 오픈하겠습니다.

 ●●● 10:59 AM
replied to a thread: 11시 오픈 준비 체크리스트...
전체 탭 오픈했습니다.

 ▲▲▲ 11:02 AM
replied to a thread: 11시 오픈 준비 체크리스트...
토스피드 글 발행하였습니다

> **토스피드 - 토스 공식 블로그**
> 긴급재난지원금 신청, 토스에서 미리 준비해보세요
> 토스에서 사전신청하면 오픈일에 알림을 보내드립니다.
> May 9th (94kB)
>

 ◆◆◆ 12:14 PM
광고는 11시부터 라이브되었습니다!

[그림 2.6] **토스의 긴급재난지원금 신청 서비스 개발 당시 사내 메신저 내용**

이처럼 애자일은 각 개인의 업무 책임 범위를 명확하게 규정하되, 부서·직능·직급이라는 구분 기준을 축소하고 초기 기획 과정에 쏟아붓는 시간과 노력을 최소화합니다. 여러 직군이 한 팀에서 협업하면서 빠르게 실행과 테스트를 반복하고 데이터를 분석해서 지속적으로 최적화해 나가는 업무 방식이지요.

한편 가트너 그룹(2019)은 디자인 씽킹 개념의 아이디어 도출과 린 스타트업 방식의 최소 요건 제품 검증, 그리고 애자일 방식의 제품 개선을 하나로 묶어 [그림 2.7]과 같이 디지털 혁신 환경에서의 제품 및 서비스 개발 방법론을 제시했습니다.[7]

이처럼 추상적인 아이디어를 구체화한 최소 단위 제품으로 시장 반응을 확인하고, 실험과 검증을 반복해 시장과 소비자가 당면한 문제와 욕구를 기민하게 해결하는 데 최적화된 방식은 디지털 시대에

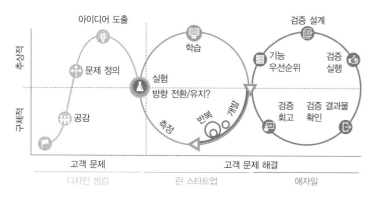

[그림 2.7] 디지털 혁신을 위한 제품 및 서비스 개발 방법론

걸맞은 가장 혁신적인 접근이며 이미 많은 성공 사례로 검증된 방법입니다.

그리고 이러한 혁신적인 제품 및 서비스 개발 방법은 최적의 유통채널을 찾고, 적절한 가격을 산정하는 데에도 도움을 줍니다. 결과적으로 구매 가능성이 큰 잠재고객에게 마케팅을 하고 최고의 구매경험을 제공하는 데 핵심적인 역할을 하지요.

취향을 기억하는 데이터가
소비자 만족도를 높인다

구독자 성향을 반영하는
넷플릭스의 초개인화 마케팅

디지털 시대에 발맞춘 마케팅 분야의 혁신은 제품의 개발부터 유통까지, 가격 정책뿐만 아니라 다양한 온오프라인 마케팅 활동과 광고 캠페인 영역에까지 당연히 추진되어야 합니다.

개인적으로 종합광고대행사에서 광고기획자로 일했던 시절의 경험을 떠올려보면, 조금 더 효율적으로 일할 수는 없었을까 하는 아쉬움이 남습니다. 전통적 광고 캠페인 진행 방식에서 아쉬운 부분은 다음 [그림 2.8]에서 보는 바와 같이 중간 단계별로 캠페인 성과를 분석하고 피드백을 주고받는 과정이 거의 없다는 점입니다.

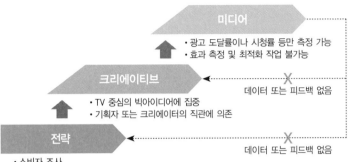

[그림 2.8] 전통적인 마케팅에서의 광고 기획 및 실행 프로세스

전통적인 광고 캠페인 준비 과정에는 데이터 기반의 의사결정이 드뭅니다. 또한 매체별 성과 데이터를 실시간으로 관찰하면서 집행 중인 캠페인 계획을 수정하고 효율화하는 일은 사실상 불가능했고, 캠페인 결과로 얻은 데이터를 다음 캠페인 전략 수립에 반영하기도 어려웠습니다. 이제는 [그림 2.9]처럼, 전략과 크리에이티브, 미디어의 업무 프로세스가 마치 컨베이어벨트처럼 다음 단계로 넘어가는 분절적 구조가 아닌 데이터를 연결고리로 협업하는 구조로 변화하고 있습니다. 광고 집행의 결과 또한 단순히 광고 효율을 측정하는데 그치지 않고, 크리에이티브 반응 데이터로 정교화 및 최적화하는과정을 거칩니다. 커뮤니케이션 전략을 검증하고 개선하는 프로세스또한 보편화되고 있지요.

기존의 전통적인 마케팅과 광고의 대상은 대중매체를 통한 다수

마케팅을 바꾸는 데이터의 힘

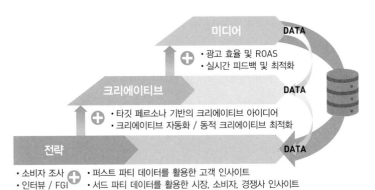

[그림 2.9] 데이터 드리븐 마케팅의 광고 기획 및 실행 프로세스

의 공중公衆이었습니다. 어쩌면 당연한 것이 4대 매체로 불리는 텔레비전, 라디오, 신문, 잡지는 소비자 집단별 타기팅이 불가능합니다. 인터넷이 등장하여 온라인 광고가 급성장하고, 미디어 플랫폼에서 제공하는 고객 데이터로 정교한 타기팅이 가능해진 것도 사실 그리 오래된 일이 아닙니다. 하지만 미디어에서 제공하는 타기팅 또한 소비자를 일대일로 타기팅하는 방식보다 타깃 오디언스 집단을 타기팅하는 방식이 대부분입니다. 물론 비식별화된 타깃 오디언스 데이터를 활용해 개인 단위로 타기팅하는 방식이 더욱 발전하고 있으나, 개인정보 보호 정책 강화로 여러 가지 제약이 따릅니다.

평소에 개인화 마케팅이란 용어를 많이 들어보셨을 겁니다. 개인화 마케팅이란, 표현 그대로 소비자를 집단이 아닌 개인 단위로 인식하고 개인정보를 활용해서 고객별로 세분화된 마케팅 활동을 하는 것을 말합니다. 데이터 측정 환경이 훨씬 고도화된 지금은 개인화 마케팅의 수준이 더욱 정교해져서 '초개인화 마케팅' 시대라고 불립니다. 단순히 소비자 개인에게 직접 커뮤니케이션하는 수준을 넘어서, 수집하고 분석한 데이터를 바탕으로 고객의 이름을 불러주고, 관심사와 구매 성향에 따라 맞춤형 정보와 제품을 추천해주는 고객경험 최적화가 가능해졌습니다. 또한, 학습한 고객 데이터로 고객의 행동을 예측해 그들이 필요로 하는 시점에 최적의 마케팅 활동을 제공할 정도로 발전하고 있습니다.

개인화 마케팅의 가장 널리 알려진 사례로는 넷플릭스의 콘텐츠 추천 시스템이 있습니다. 넷플릭스는 구독자 개인의 콘텐츠 이용 현황이 데이터로 축적되면 이용자의 소비 패턴을 분석하고, 주로 이용하는 콘텐츠와 유사한 종류를 추천해주는 필터링content based filtering을 활용합니다. 또한 데이터 분석에서 비슷한 성향의 이용자로 분류되면, 특정 콘텐츠를 이용할 때 유사 성향의 이용자에게 해당 콘텐츠를 추천해주는 협업 방식의 필터링collaborative filtering을 함께 적용합니다. 넷플릭스 이용자의 무려 80%가 이 추천 시스템을 이용해 콘텐츠를 시청한다는 점만 보더라도[8] 개인화 마케팅의 효과는 우리가 생각하는 것보다 훨씬 강력하다는 사실을 알 수 있습니다.

이처럼 초개인화 마케팅이 가능해진 이유는 수집할 수 있는 데이터의 종류가 훨씬 더 다양해지고, 데이터를 더욱 세부적인 단위까지 측정해서 분석할 수 있기 때문입니다. [그림 2.10]과 같이 초개인화

[그림 2.10] 초개인화에 필요한 다양한 데이터

마케팅은 고객의 인구통계 정보뿐만 아니라 제품·가격·유통·마케팅 및 광고·구매 데이터와 함께 구매 과정에서 남는 다양한 행동 데이터를 종합적으로 분석합니다. 또한 AI 기술의 적용으로 지금까지 사람이 할 수 없었던 일, 즉 미래에 일어날 소비자 행동을 비교적 정확하게 예측하거나 사람이 직접 수행하기 어려운 많은 양의 일을 자동화해서 해결합니다.

예를 들어, 서비스 이탈 고객을 예측해서 이탈이 이루어질 것으로 판단되는 시점 바로 직전에 개인화 메시지와 함께 할인 쿠폰이나 무료 이벤트 등의 특별한 혜택special offer을 제공한다든가, 개인의 구매 패턴을 인식해서 특정 제품의 재구매 시점에 구매 가능성이 큰 제품 정보를 할인과 함께 제공하는 일이 가능해진 것입니다.

고객을 일대일로 응대하는
마케팅 자동화의 효과

마케팅 자동화는 단지 인적 자원 human resource 투입이 줄어드는 것 이상의 효과를 냅니다. 데이터 기반 의 마케팅 자동화는 수많은 고객 개개인의 마음을 읽고 무엇이 언제 필요한지 마치 잘 알고 있는 것처럼 대응하는 방법을 의미합니다. 아 무리 고객 응대 시스템과 조직이 잘 준비된 기업이라고 할지라도 수 천, 수만여 명의 고객을 24시간 개인 단위로 응대하는 일은 불가능합 니다. 하지만, 자동화된 AI 알고리즘이라면 모든 고객이 한꺼번에 대 응을 요청하더라도 아무런 문제 없이, 마치 고객을 아주 잘 아는 숙 련된 매니저가 직접 응대해주듯이 서비스를 제공할 수 있습니다. 사 람이 직접 대응하는 구매 환경이 아닐지라도 나를 이해하고 기억하 며, 무엇이 필요한지를 미리 알아서 대응해준다면, 소비자는 편안함 을 느낄 뿐만 아니라 구매 의향 또한 높아질 것입니다.

액센츄어인터랙티브Accenture Interactive의 조사에 따르면 소비자의 91%는 자기의 이름과 취향을 기억하고 적합한 제품을 추천해주는 브랜드를 구매할 의향이 더 높다고 대답했으며, 83%는 높은 수준의 개인화 서비스를 제공하는 브랜드에 개인정보를 기꺼이 제공하겠다고 답변했습니다.[9] 구글 조사에서도 자신이 관심을 가질 만한 제품을 추천해줄 때 구매할 가능성이 더 크다고 응답한 소비자가 63%에 달했으며, 53%는 자신과 자기 행동을 기억해주는 회사나 서비스를 더 선호한다고 응답했다고 합니다.[10]

물론 기업과 소비자 간에 철저한 개인정보 보안과 데이터 관리에 대한 신뢰가 쌓여 있어야 가능한 일이겠지만, 소비자가 초개인화 마케팅과 마케팅 자동화를 부정적으로 인식하고 있는 것만은 아니며, 오히려 더 전문적이고 자동화된 개인화 서비스를 선호하고 있음을 알 수 있습니다.

지금까지 살펴본 바와 같이, 데이터는 마케팅과 광고 업무뿐만 아니라 비즈니스 프로세스 전체를 혁신하는 효과적인 도구이자 수단입니다. 데이터 마케팅은 지금까지 익숙했던 전통적인 마케팅 방식과 다르고 복잡하다는 생각 때문에 방어적인 태도를 보이거나 실무에 적용하기 어려워하는 사람이 많습니다. 다시 한번 강조하지만, 데이터 마케팅은 완전히 새로운 것을 도입하는 것이 아닙니다. 기존에 익숙하게 해오던 마케팅 업무를 더욱더 효율적이고 효과적으로 수행할 수 있도록 도와주는 일입니다. 여러분도 데이터에 열린 마음과 관심을 갖는다면 어렵지 않게 데이터를 활용할 수 있을 것입니다.

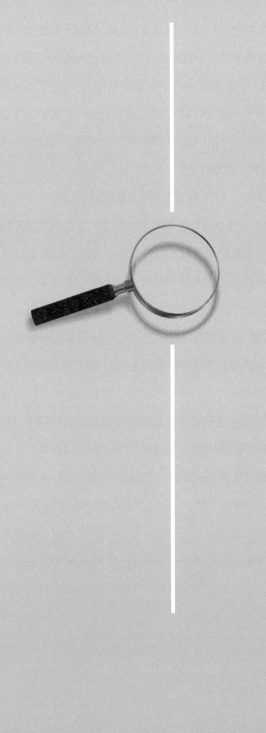

2부

빅데이터
대홍수에서
마케터로
살아남기

3장

쏟아지는 데이터를
있는 그대로 믿어선
안 된다!

데이터는 현상일 뿐,
인사이트는 분석에 있다

설문 데이터와
행동 데이터가 전혀 다른 이유

우리는 지금도 시장, 소비자와 관련된 인사이트를 얻기 위해서 다양한 조사 방법을 활용합니다. 그 중에서도 정량적 조사와 통계적 분석은 조사 결과를 일정한 값$_{value}$ 을 가진 숫자로 나타낸다는 점에서 최신의 데이터 분석 방법과 유사하지만 몇 가지 결정적인 차이가 있습니다.

첫째가 표본 집단의 대표성 이슈입니다. 전통적인 소비자 조사는 특정 조사 대상 전체를 조사할 수 없으므로 표본 오차를 줄이기 위해 무작위 추출$_{random\ sampling}$ 방식으로 표본을 선정하고, 이들의 의견이 전체 집단을 대표한다고 간주합니다. 그러나, 아무리 무작위 추출이라고 하더라도 조사 표본의 수가 적으면 표집 오차sampling error가 발생할 가능성이 커집니다. 표집 오차는 표본의 수와 반비례하는데, 조사 대상 표본 수를 늘리는 일은 조사 예산의 증가와 직결되므로 제한된 예산 범위 내에서는 선택하기 어려운 방법입니다.

일상적으로 우리가 가장 접하기 쉬운 소비자 조사는 전화를 통한 여론조사입니다. 사회적·정치적 이슈에 대한 여론조사는 연령, 성별, 지역 등에 따라서 강한 편향성bias을 띠므로 표본 선정에 특히 주의해야 하며, 사전에 잘 설계된 무작위 샘플링 없이 진행된 조사 결과는 신뢰도를 의심해야 합니다. 물론 마케팅과 광고에서도 성별이나 연령대별로 트렌드와 취향이 더욱 다양해지는 추세이기 때문에 표본 선정 이슈는 더욱 중요해지고 있습니다.

반면 오늘날의 데이터 분석은 모집단에서 표본을 추출하는 방식이 아니라 직접 대상이 되는 모집단 전체를 분석하므로 분석 대상의 대표성 문제가 발생하지 않습니다. 예를 들어, 특정 매체 광고로 유입된 고객, 매월 특정 금액 이상의 제품을 구매하는 고객, 1개월 이내에 이탈 가능성이 80% 이상인 고객, 최종 방문 이후 3개월 이상 재방문이 없는 고객 등 조사 대상 고객 집단 데이터 전체를 확보하고 분석하므로 표집 오차나 대표성 이슈가 없습니다.

둘째는 의도적 진술과 실제 행동의 차이입니다. 소비자에게 직접 자기 생각을 대답하도록 하는 설문이나 인터뷰 등의 조사 방법은 개인의 생각을 전제로 하지만 실상은 실제 생각과 다를 수 있습니다.

여론조사에서 실제 생각과 답변이 불일치했던 대표적인 예를 하나 소개하겠습니다. 2016년 미국 대통령 선거에서 힐러리 클린턴Hillary Clinton과 도널드 트럼프Donald Trump는 각각 민주당과 공화당 후보로 선거전을 치렀습니다. [그림 3.1]에서와 같이 대선 직전 전화로 진행된 여론조사에서는 힐러리 클린턴이 도널드 트럼프를 크게 이기는 것으로 나타났습니다.[1] 그러나 결과는 모두 다 알듯이 트럼프가 미국 45대

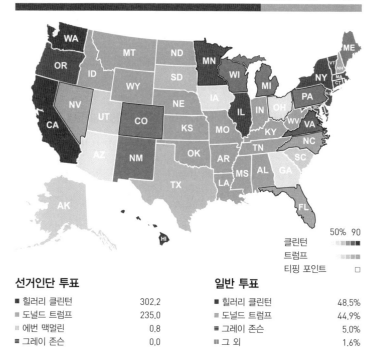

힐러리 클린턴 71.4%   **28.6% 도널드 트럼프**

선거인단 투표

■ 힐러리 클린턴	302.2
■ 도널드 트럼프	235.0
⫼ 에번 맥멀린	0.8
⩣ 그레이 존슨	0.0

일반 투표

■ 힐러리 클린턴	48.5%
■ 도널드 트럼프	44.9%
⩣ 그레이 존슨	5.0%
⫼ 그 외	1.6%

[그림 3.1] 2016년 미국 45대 대통령 선거 직전 여론조사 결과

대통령으로 당선되었습니다. 불과 일주일 전의 여론조사와 실제 선거 결과 사이에 왜 이렇게 엄청난 차이가 나타났을까요?

그 이유는 실제 트럼프를 지지하는 많은 사람이 자신이 트럼프를 지지한다는 사실을 남에게 알리고 싶지 않은 샤이 트럼프shy Trump voters였기 때문이라고 분석됩니다. 어떤 이유에서건 여론조사 답변에서 트럼프를 지지한다는 자기 생각을 솔직히 말하지 않은 것입니다.

반면 최근의 데이터 분석에서는 설문조사와 같이 조사 대상자를 모집해서 질문하고 답변을 얻기보다는, 고객의 인지부터 구매에 이르기까지 각 단계에서 고객의 모든 데이터를 자동으로 수집해서 분석합니다. 즉, 소비자의 답변이 아닌 행동 데이터를 분석하므로 개인의 생각과 숨은 의도가 분석 결과에 영향을 줄 가능성이 거의 없습니다.

그렇다고 해서 전통적인 소비자 조사의 다양한 방법에 근본적인 문제가 있거나 신뢰도가 떨어진다는 이야기가 아닙니다. 데이터 마케팅에서도 행동 데이터로는 파악하기 어려운 내면의 생각들을 파악해야 할 때 소비자 의견을 직접 묻는 등 전통적인 소비자 조사를 적극 활용합니다. 다만 다양한 설문조사 툴을 활용해서 대상자를 선별하여 조사 참여를 유도할 수 있으므로 정량조사 진행이 훨씬 수월해졌습니다.

또한 브랜드 인지도·선호도·구매의향 등 소비자의 인식과 태도를 나타내는 지표들은 소비자 행동 데이터로는 파악하기 어렵습니다. 소비자 행동 데이터는 어떤 현상과 원인을 파악하는 데는 매우 유용하지만 그 자체로 해결 방법을 제시해주지는 않습니다. 따라서 추가 조사로 소비자의 생각과 의견을 참고한다면 소비자를 더욱 깊이 이해하고 인사이트를 얻는 데 큰 도움을 얻을 수 있을 겁니다.

데이터 해상도,
해석력과 예측력의 열쇠

우리는 지금 데이터의 홍수에서 살고 있다고 해도 과언이 아닙니다. 우리는 일상생활을 하면서 나 자신도 인식하지 못하는 사이에 많은 데이터를 생성하거나 공유하고, 또 소비하며 살아갑니다.

특히 웹 중심의 시대에서 모바일 시대로 넘어오면서 우리 주변에 쌓이는 데이터의 양은 기하급수적으로 증가했습니다. 2023년 기준 하루에 새롭게 생겨나는 데이터는 약 3.5억 바이트quintillion bytes이며[2], 스태티스타Statista의 통계에 따르면 다음 [표 3.1]에서 보는 바와 같이 2023년 기준 전 세계에서 생산하고 소비한 데이터 총량은 120제타바이트zettabytes[3]라고 합니다. 가히 상상할 수 없을 정도로 엄청난 양이라는 것 외에는 감조차 잡히지 않는 규모입니다. 요즘 가장 많이 사용하는 개인용 외장 하드드라이브의 저장 용량이 보통 4테라바이트 정도이므로 어느 정도 상상해볼 수는 있을 테지만, 여전히 실감하기 어려울 정도로 많은 데이터가 만들어지는 시대입니다.

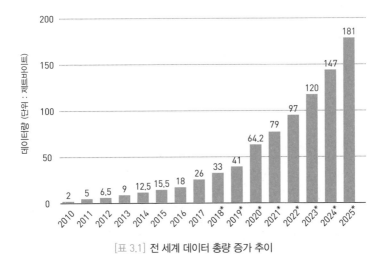

[표 3.1] 전 세계 데이터 총량 증가 추이

데이터를 이야기할 때 빅데이터라는 용어가 자연스럽게 따라붙는 이유는 데이터를 분석하고 활용할 때 데이터의 크기가 중요하기 때문입니다. 물론 물리적인 양이 많다고 다 좋은 것은 아니지만, 분석에 꼭 필요한 데이터라면 그 양이 많으면 많을수록 좋습니다. 분석하고자 하는 현상에 설명력이 높아질 뿐만 아니라 예측 가능성 또한 높아지기 때문입니다.

데이터 해상도를 사진이나 그림 파일의 해상도에 비유하면 훨씬 이해가 쉽습니다. 이미지 파일의 해상도가 높으면 사진의 한 부분을 크게 확대해도 이미지가 흐려지거나 깨지지 않고 선명하게 보입니다. 다음 [그림 3.2]의 두 사진은 지구에서 8,500여 광년이나 떨어져 있는 용골자리 성운Carina Nebula의 우주절벽 부분을 크게 확대한 모습

마케팅을 바꾸는 데이터의 힘

입니다.

첫 번째 사진은 허블Hubble 망원경이 찍은 사진의 해당 부분을 확대한 것이며, 두 번째 사진은 제임스웹James Webb 망원경이 찍은 성운의 이미지를 확대한 것입니다. 상대적으로 저해상도인 허블 망원경이 찍은 사진을 확대하면 대상을 명확하게 파악하기 어렵지만, 훨씬 멀리 있는 물체를 밝게 촬영할 수 있는 고해상도 제임스웹 망원경이

[그림 3.2] 용골자리 성운 해상도 비교

찍은 사진을 확대하면 지금까지는 미지의 세계였던 우주절벽이 아주 구체적으로 보입니다.

이미지 해상도와 마찬가지로 데이터 해상도가 높으면 더욱 정확한 분석이 가능해지며, 겉으로는 보이지 않던 새로운 인사이트를 발견할 가능성이 훨씬 커집니다.

이처럼 데이터 분석의 정확도를 높이고 해석력과 예측력을 높이는 데에 데이터 해상도가 중요하기 때문에 가능한 많은 양의 데이터, 즉 빅데이터를 확보하려는 것입니다. 또한 데이터 분석은 단위를 더욱 세밀하게 나눌수록, 측정 주기와 간격을 더욱 좁힐수록 더 정확하고 깊이 있는 인사이트를 얻을 수 있습니다.

가공하지 않은 데이터는
거친 원석일 뿐이다

데이터는 외적으로 나타난 결과나 현상의 원인을 파악하고 해결 방법을 찾아가는 분석 과정을 거쳐야만 그 가치가 확인됩니다. 데이터 분석 도구나 데이터 자체가 정답을 제시해주지 않습니다.

데이터는 분석부터 인사이트 도출까지 일련의 과정을 거치게 되는데, 가장 일반적인 데이터 분석 프로세스는 [그림 3.3]과 같이 분석 목적 정의, 데이터 수집, 데이터 정제, 데이터 분석, 인사이트 도출 다

마케팅을 바꾸는 데이터의 힘

[그림 3.3] 일반적인 데이터 분석 과정

섯 단계로 나뉩니다.

데이터 분석은 '무엇을 알고 싶은지' 올바른 질문을 하고 '어떤 목표를 달성하고자 하는지' 분석의 목적을 명확하게 정의하는 데에서 시작됩니다. 무엇을 알고 싶고 어떤 목표를 이루고 싶은지를 정의하지 않으면, 어떤 데이터를 확보해야 하는지 알 수 없으며 분석의 방향을 정하기 어렵습니다. 매체별 광고 효율과 구매전환율을 분석해서 매체별 광고비를 재조정한다든가, 자사 쇼핑몰 방문객이 구매에 이르기까지 전환율을 파악해 고객경험을 최적화한다는 등 분석 목적을 구체적으로 명시하는 편이 좋습니다.

분석 목적이 정의되었다면 다음은 분석에 사용할 적합한 형태의 데이터를 확보할 차례입니다. 광고 효율 및 전환율은 매체에서 제공하는 클릭률Click Through Rate; CTR이나 광고 노출당 비용Cost Per Mille; CPM 등 광고 효율 지표만으로 분석할 수 없습니다. 소비자가 광고를 클릭해 해당 쇼핑몰에 방문했을 때, 어느 매체에서 유입되었는지를 확인하는 광고 효과 측정attribution 툴을 활용해야 방문 고객을 개인 단위로 식별하고 유입 매체별로 나누어 분석할 수 있습니다.

최근 D2C를 지향하며 자사몰을 직접 구축하는 기업이 늘어나고 있지만, 중소기업은 임대형 쇼핑몰 솔루션이나 대형 커머스 플랫폼의 오픈마켓을 많이 이용합니다. 하지만 임대몰 및 커머스 플랫폼에서 고객 데이터를 공유해주지 않거나, 아주 기본적인 데이터조차 비싼 값에 판매하는 경우도 있기 때문에, 임대몰 서비스 도입을 고려하는 기업이라면 해당 서비스에서 제공하는 데이터의 수준과 범위, 가격 등을 사전에 충분히 검토해야 합니다. 본격적으로 데이터 기반 마케팅을 하려는 기업이라면 가능한 한 자체 쇼핑몰과 모바일 앱을 구축하고 데이터 측정 및 분석 솔루션을 도입할 것을 추천합니다.

분석에 필요한 데이터가 무엇인지를 정의하고 적합한 데이터를 충분히 수집했다면 다음으로 실제로 데이터를 분석할 수 있는 형태와 조건으로 정제clean 및 통합합니다. 처음부터 설계에 따라 데이터를 원하는 형식으로 확보했다면 아무런 문제가 없겠지만, 부서별로 서로 다른 기준으로 관리하던 데이터나 오프라인 구매 데이터, 기존 회원 정보 등의 이종異種 데이터를 통합해서 활용해야 할 때는 동일한 형식이나 식별자 기준으로 연결해야 합니다. 또한 일련의 데이터 세트에서 누락된 데이터가 있거나, 일반적인 범위를 넘어선 극단적인 값outlier을 나타내는 데이터가 있는지 등을 확인하고 필요에 따라서는 제외해야 정상적인 분석이 가능합니다.

데이터 분석을 위한 정제와 통합이 마무리되었다면 본격적으로 데이터에서 일정한 패턴이나 관계, 트렌드 등을 파악해서 분석 목적

[그림 3.4] 데이터가 가치 있는 인사이트로 전환되는 과정

에 맞는 데이터 인사이트를 도출합니다. 데이터로 도출한 인사이트를 의사결정에 반영해서 유의미한 결과를 만들어내려면 역시 일련의 과정을 거쳐야 하며, 주로 위 [그림 3.4]와 같이 여섯 단계로 구성됩니다.

여러분의 이해를 돕기 위해서 가상의 브랜드 마케터 A의 데이터 분석과 인사이트 도출 과정을 예로 들어 설명해보겠습니다. 마케터 A는 평상시 데이터 분석 및 인사이트 발굴 업무를 담당합니다. A는 매일 아침 출근해서 전날 집행된 매체별 DA^{Display Ads} 광고(이미지 및 동영상 광고) 집행 결과를 취합합니다. 매체별 집행 결과가 이메일로 자동으로 수신되지만, 스프레드시트로 된 보고 양식에 맞춰 오전 내내 매체별 데이터를 복사 붙여넣기해서 팀장 및 임원에 일일 성과 보고를 합니다. 어제의 광고 효과 '데이터'가 '리포팅^{reporting}'되는 것입니다.

월말이 되어 A는 월간 광고 결과 리포트에 작성할 데이터를 분석했습니다. 지난달 대비 이번 달 광고 효율이 높아졌고, 방문자 수도 크게 늘었습니다. A는 이번 달 자사 몰에서 대대적인 회원가입 프로모션과 경품 이벤트를 진행한 결과라고 생각합니다. 보통 광고량이 증가하면 트래픽이 늘어나는 건 당연하지만, 효율은 광고 크리에이티브와 매체 계획이 잘 준비되고 운영된 결과라고 볼 수 있으므로 팀장님과 임원에게 칭찬을 들을 수 있으리라 기대해봅니다.

그런데 광고 결과와 이번 달 매출 데이터를 분석analysis해보니 프로모션 기간 내내 광고 효율도 좋았고, 방문자 수도 많이 늘어났음에도 매출 증가율은 그다지 높지 않았습니다. A는 원인을 파악하기 위해 지난 6개월간 광고로 유입된 신규 방문자를 매체별로 나누고 이들의 재방문과 구매전환율을 분석해보기로 합니다. 캠페인 기간에 구매전환이 증가하지 않은 이유가 기존 고객의 구매가 줄어든 탓인지, 신규 고객의 전환율이 낮았던 탓인지, 그리고 신규 고객의 전환율이 낮았다면 가장 큰 영향을 준 유입 채널은 어디인지 확인합니다. 기존 고객의 재방문과 재구매율을 함께 비교 분석해본 결과 기존 고객의 평소 구매 활동에는 큰 변화가 없었습니다.

그런데 프로모션 광고로 신규 방문한 고객의 유입 경로와 전환율을 확인해보니, 이벤트 프로모션 가입 후 구매전환까지 이루어진 비율이 기존 고객보다 낮았습니다. 전환율이 특히 낮은 고객 집단은 대형 포털 광고에서 유입된 고객이었습니다. 대형 포털에는 상대적으로 많은 양의 광고비를 투입했고 많은 방문자가 유입되었음에도, 대부분 이벤트 참여만 했지 구매로 전환된 비율은 매우 낮았던 것입니다.

A는 월간 보고서에 이와 같은 분석 결과를 근거로 평상시에 일정

마케팅을 바꾸는 데이터의 힘

금액으로 꾸준히 진행해오던 DA 광고의 매체 전략에 대한 수정을 제안했습니다. 광고 효율과 방문자 수를 늘리는 데는 대형 포털 광고가 유의미한 효과를 보이지만, 실질적인 구매전환 차원에서는 업종 관련 중소형 매체와 커뮤니티의 광고가 훨씬 더 효과적이라는 데이터 분석 결과에 근거해 향후 진행되는 프로모션 광고에서는 후자의 광고 비중을 높이자는 내용이었습니다. 팀 회의에서 제안한 후 이 내용이 임원 보고되었고 승인되어 매체 전략 수정이 결정decision되었습니다. 이후부터 이 회사의 광고는 변경된 매체 전략에 근거해서 집행action되었고, 구매가 광고 효율과 방문자 증가율에 비례해서 높아지는 매출 증대 효과value가 지속해서 나타났습니다.

비록 가상의 상황을 가정해서 설명했지만, 위와 같은 과정은 어떤 마케팅 이슈에도 비슷하게 적용될 수 있습니다. 발생한 현상에 다양한 가설을 설정해 데이터로 원인을 규명하는 것, 해결 방안을 찾아 실행에 옮기고 다시 측정하는 단계로 돌아가 이 과정을 반복해나가는 것. 이것이 바로 데이터 기반의 성장growth을 만들어내는 가장 일반적인 과정입니다.

데이터 분석은 객관식이 아닌
주관식 문제다

쪼개기와 늘리기,
데이터를 갖고 노는 법

데이터 분석에는 각 단계의 과정도 중요하지만, 보편적으로 적용되는 원리가 있습니다. 한마디로 데이터를 가지고 노는 것인데요. 데이터 분석에 부담을 느낀다면 아주 단순한 데이터를 한 단계만 더 쪼개거나 늘려봐도 원 데이터에서 발견할 수 없던 새로운 사실을 발견할 수 있습니다.

우리나라 사람들은 공통적으로 한국어를 사용하지만, 지역으로 쪼개면 다양한 사투리가 있고 실제 특정 사투리도 도시에 따라 또 다릅니다. 이처럼 표면적인 현상은 작은 하위 현상들의 집합이며, 어떤 결과는 여러 하위 요인이 함께 작용한 결과죠. 데이터를 가능한 한

마케팅을 바꾸는 데이터의 힘

잘게 쪼개고, 적용 범위를 늘려 비교 분석하는 원리를 알면 더 많은 인사이트를 발견할 수 있습니다.

① 데이터 쪼개기

데이터 쪼개기는 매우 직관적이고 쉬운 원리입니다. A 서비스와 B 서비스의 방문자 수를 분석한다고 해봅시다. 대표적인 활성 방문자 기준인 MAU Monthly Active Users (월별 활동 이용자 수)를 보니 둘 다 1만 명이라면, 두 사이트의 활성 방문자 규모는 같습니다. 그런데 MAU를 DAU Daily Active Users (일별 활동 이용자 수)로 나누어보니, A 서비스는 방문자가 지속적으로 증가했고 B 서비스는 계속 감소했습니다. 월간 평균인 MAU는 같지만 한 번 더 쪼개어 일간 활성 방문자로 보니 성장과 하락이라는 서로 다른 인사이트가 확인되었습니다. 그렇다면 신규 방문자의 유입 경로를 쪼개보면 어떨까요? A 사이트의 신규 회원은 주로 N, G 매체의 광고에서 유입되었습니다.

두 매체의 회원가입 기준 ROAS Return On Advertising Spend (광고 수익률)*를 살펴보니 N 매체는 320%, G 매체는 300%가 나오는 수준으로 N 매체의 ROAS가 조금 더 높았습니다. 하지만 두 매체의 ROAS를 검색과 DA별로 쪼개서 보니, N 매체의 ROAS는 검색 400%, DA 240%였고, G 매체의 ROAS는 검색 450%, DA 150%였습니다. 검색

---

* ROAS는 광고비 대비 수익률을 의미하며, 여기서는 광고비 대비 회원가입 전환율을 예로 들었다.

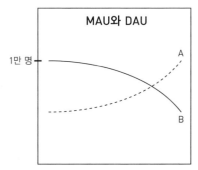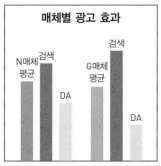

[표 3.2] MAU/DAU/매체 광고 유형별로 데이터 쪼개기

광고 기준으로는 G 매체가 더 효율적이었으며, DA 광고 기준으로는 N 매체가 더 효율적이었습니다. 매체별 통합 ROAS만 봐서는 N 매체가 효율적이지만 데이터를 쪼개서 검색만 놓고 봤을 때는 G 매체가 더 효율적임을 발견할 수 있습니다.

이처럼 전체적인 경향을 파악하는 데는 상위 지표가 유용할 수 있지만, 상위 지표일수록 하위 지표의 차이를 평균값으로 묻어버리는 경향이 있습니다. 따라서 분리할 수 있는 최하위 단위까지 데이터를 잘게 쪼개서 상위 지표에서 볼 수 없었던 새로운 인사이트를 탐색해 봐야 합니다.

② 데이터 늘리기

데이터 늘리기는 데이터의 값 자체를 늘리거나 변형한다는 말이 아니라 적용·분석 범위를 확장해서 비교해보는 원리를 말합니다. 위의

마케팅을 바꾸는 데이터의 힘

데이터 쪼개기에서 광고매체별 회원가입에 따른 ROAS를 광고 상품별로 나누어서 보았습니다. 하지만 신규 회원의 유입 경로 외에도 비교해볼 분석의 범위는 무궁무진합니다. '신규 회원가입자'를 '시간'이란 변수로 분석 범위를 늘려보거나 회원가입 추이를 '일별'로 나누어 보면 어떨까요? 평일 대비 주말 가입 비중이 어떤지, 특정 요일의 가입이 더 두드러지는지 등 일정한 패턴이 발견된다면 일별로 광고 집행 비율을 조정해볼 수 있습니다.

분석 범위를 '가입 시간' 기준으로 늘려본다면 주로 출근 시간대혹은 점심 시간대에 가입하는지, 퇴근 후 저녁 시간대에 가입하는지에 따라 광고 노출 시간대를 조절해볼 수 있습니다. 혹은 시간대별방문자 특성에 따라 광고 크리에이티브를 달리하거나, 랜딩 페이지또는 제품 상세페이지 메시지에 변화를 줄 수 있습니다. 시간의 범위를 과거로 확장해서 분석해본다면 지난달, 지난 분기, 지난해와 비교해서 비즈니스 성장 정도와 변화 추이를 파악해볼 수 있을 것입니다.

신규가입자의 인구통계적 특성, 즉 성별과 연령대, 거주 지역이나관심사 등을 기준으로 적용 범위를 늘려서 분석해본다면 생각지 못한 새로운 인사이트를 발굴할 수도 있습니다. 과거에는 주로 대학생이나 직장인이 주로 가입했으나, 최근 들어 청소년의 가입이 늘어났다면 제품이나 콘텐츠 구성에 변화를 시도해볼 수 있을 것입니다. 신규가입자의 거주 지역으로 범위를 늘려서 분석해보니 타지역 대비특정 지역에서 눈에 띄게 가입이 늘어났다면 해당 지역에 특화된 서비스를 개선하거나 마케팅 활동을 강화해볼 수 있을 테고요.

　단, 분석 대상인 고객 수가 충분하다면 크게 상관없겠지만 분석 범위를 동시에 늘리면 분석 모수가 작아진다는 점을 유의해야 합니다. 예를 들어 위에서 검토했듯이 신규가입자×가입 요일×가입 시간×연령×지역 등으로 지나치게 분석 범위와 조건을 확장하면 해당 조건을 충족하는 분석 대상 고객 수가 점점 작아지므로 새로운 인사이트를 발견하거나 유의미한 차이를 발견하기 어려울 가능성이 커집니다. 따라서 데이터의 범주를 무작정 확장하기보다는 가설을 세운 뒤 그 가설에 영향을 줄 만한 조건을 선정하고, 계속 두세 개씩 조건을 바꾸면서 분석해볼 것을 추천합니다.

고객의 여정을
따라가며 분석하는 일

　　　　　　　　다시 한번 강조하지만, 데이터는 정답을 말해주지 않습니다. 데이터를 열심히 들여다본다고 인사이트가 쉽게 얻어지지도 않습니다. 원론적인 이야기일 수도 있지만, 기본 원리는 앞에서 살펴본 데이터 분석 프로세스와 인사이트 도출 과정, 그리고 데이터를 쪼개고 늘리며 비교하는 일련의 과정을 거치면서 숨겨진 인사이트를 하나씩 찾아나가는 것입니다.

　데이터에서 어떤 표면적인 현상이 발견되었다면, 원인이 될 만한 다양한 요소를 목록으로 정리하고 분석 가능한 내·외부 데이터를 먼저 확보해야 합니다. 목록별로 데이터가 확보되었다면 다시 목록을 더욱 세부적인 내용으로 파고들어 가면서 원인을 파악합니다.

MAU로 데이터 인사이트를 발굴하는 과정을 예로 들어보겠습니다. 다음 [그림 3.5]와 같이 MAU 감소는 데이터 분석의 결과라기보다는 눈앞에 나타난 현상입니다. 데이터 분석의 우선 과제는 MAU의 원인을 찾는 일입니다. 이를 위해서 MAU 감소에 영향을 줄 만한 모든 요인을 정리해봅니다. 원인 중에는 내부적으로 통제 가능한 요인도 있을 겁니다. 외부적인 영향이라 개별 기업으로서 어쩔 수 없는 요인들은 분석 우선순위를 뒤로합니다. 소비자 트렌드가 바뀌어 우리 서비스에 매력도가 떨어졌다든가, 시장이 과열되어 경쟁이 심화되는 것과 같은 외부 요인은 당장 자체적으로 해결 불가능하므로 통제 가능한 내적 요인을 찾아서 분석하는 일이 먼저입니다.

일단 MAU 감소의 대표적인 내부 요인은 크게 두 가지일 가능성

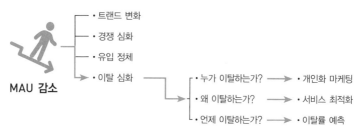

[그림 3.5] 데이터 인사이트 도출 과정

이 큽니다. 신규 고객의 유입이 정체되었거나, 서비스를 이탈하는 기존 고객이 늘어났기 때문입니다. 데이터를 분석해보니 최근 신규 유입 고객의 비중에는 변화가 없는데, 기존 고객의 재방문율이 낮아지고 이탈률이 증가하는 현상이 발견되었다면, 이제 고객 이탈의 원인을 파악할 하위 목록을 정리하고 항목별로 데이터를 분석합니다.

이탈이 증가했다면 어떠한 유형의 고객이 주로 이탈하는지, 이탈 고객의 공통적인 행동 특성이 무엇인지를 파악해봅니다. 이탈하는 고객의 공통적 특징이 발견될 수도 있으며, 고객이 구매를 진행하는 서비스 내의 한 단계에서 비정상적으로 이탈이 많아지는 기능적 문제가 발견될 수도 있습니다. 따라서 고객의 여정consumer journey, 즉 구매 퍼널funnel의 단계별 트래픽 변화를 자세히 살펴보는 것이 좋습니다.

퍼널의 특정 경로에서 이탈이 급증했다면 해당 구간에 분명히 문제가 있는 것입니다. 만약 고객 행동 데이터를 일정 기간 이상 쌓아두었다면 이미 이탈한 사람을 찾아내는 데에서 그치지 않고, 앞으로 이탈할 가능성이 큰 고객과 예상 이탈 시기를 파악할 수도 있습니다. 그렇다면, 특정 고객의 예상 이탈 시점 이전에 개인화된 할인 쿠폰이나 혜택을 제공해서 이탈을 사전에 방지해볼 수 있겠지요.

데이터는 현상을 말해줄 뿐입니다. 이미 발생한 표면적 현상이 확인되었다면, 가설을 수립하고 인사이트를 하나씩 찾아내면서 현상의 공통 원인을 파악해나가는 과정이 반드시 수행되어야 합니다.

고객을 이해하는 퍼스트 파티 데이터와 시장을 한눈에 보는 서드 파티 데이터

혹시 퍼스트 파티1st Party Data, 서드 파티 데이터라는 말을 들어본 적이 있나요? 데이터도 출처와 활용 방법에 따라 여러 종류로 나뉩니다. 대표적인 방법은 데이터를 수집하고 운영하는 책임이 누구에게 있는가에 따른 분류입니다. 즉, 기업이 직접 데이터를 수집해서 운영하는가 또는 제3의 사업자가 비즈니스 목적으로 데이터를 수집해서 제공하는가에 따라서 크게 퍼스트 파티 데이터와 서드 파티 데이터로 분류합니다. 여러분이 마케팅 실무에서 활용하는 회원 정보 등의 고객 데이터와 매출 현황 등의 판매 데이터, 그리고 자사 채널 내에서의 각종 행동 데이터는 퍼스트 파티 데이터에 해당합니다.

그리고 퍼스트 파티 데이터 중에서도 고객에게 부가서비스나 할인 등 특정한 혜택을 제공하는 조건으로 명확한 동의를 얻어 자발적이고 적극적으로 확보한 고객 데이터를 제로 파티 데이터Zero Party Data라고 하며, 기업이 제휴처 또는 비즈니스 파트너에게 구매 또는 공유받아 활용하는 데이터를 세컨드 파티 데이터2nd Party Data라고 부릅니다.

제로 파티 데이터	고객들이 자발적으로 제공하는 데이터
퍼스트 파티 데이터	기업이 고객 동의 하에 수집하는 데이터
세컨드 파티 데이터	타기업을 통해 구매 또는 공유받은 데이터
서드 파티 데이터	사업자에 의해 수집, 제공되는 비식별 데이터

[표 3.3] 데이터 수집 및 운영 주체에 따른 분류

Q1. 누가 데이터를
수집하고 분류하는가?

대부분 기업은 마케팅뿐만 아니라 업무 프로세스를 개선하고 효율화하기 위해 자사 고객의 데이터를 직접 수집해서 활용하는데, 이렇게 기업이 직접 관리하는 데이터가 퍼스트 파티 데이터입니다. 퍼스트 파티 데이터는 고객의 인구통계적 정보뿐만 아니라 이름, 주민등록번호, 이메일, 전화번호, 주소 등 민감한 개인정보가 주를 이룹니다. 구매 이력이나 서비스 및 커머스 플랫폼 내에서의 다양한 행동, 즉 유입부터 제품 상세페이지 열람, 특정 콘텐츠 시청, 버튼 클릭, 장바구니 담기, 결제 완료까지 모든 행동 데이터 또한 퍼스트 파티 데이터입니다.

한편 기업이 직접 관리하는 퍼스트 파티 데이터를 기준으로 고객의 자발적이고 적극적인 동의를 얻어 활용하는 데이터를 제로 파티 데이터라고 설명했습니다. 물론 퍼스트 파티 데이터도 대부분 '개인정보 활용 동의'를 받은 데이터이지만 대부분의 고객이 회원가입이나 구매 과정에서 약관을 자세히 살펴보지 않고 동의합니다. 그래서 대부분 자신의 어떤 데이터가 저장되고 활용되는지 정확하게 인지하지 못합니다. 뭔가 꺼림칙한 마음이 들긴 하지만 회원가입이나 구매를 진행하려고 어떤 데이터가 어떻게 활용되는지 명확하게 인지하지 못한 채 동의하는 것이 일반적입니다. 반면 제로 파티 데이터는 고객에게 수집하는 데이터의 종류와 활용 목적을 분명하게 밝히고, 특정 정보를 제공하면 그에 상응하는 혜택을 제공함으로써 적법하고 명시적인 동의를 얻습니다.

세컨드 파티 데이터는 퍼스트 파티나 제로 파티와 달리 다른 기업에서 합법적으로 공유받거나 구매해서 활용하는 데이터를 말합니다. 가장 일반적인 예는 서로 다른 비즈니스 영역에 있는 두 회사가 특정 비즈니스를 공동으로 추진할 목적으로 제휴와 같은 공식적인 협력 관계를 맺어 양사의 데이터를 공유하는 경우입니다. 최근 들어 전혀 다른 영역의 두 회사가 콜라보 collaboration 제품을 출시하는 일이 많은데, 이때 제품 개발을 위해 고객 데이터를 공유해서 분석에 활용합니다. 또한 법인은 달라도 그룹 계열사 간 소비자 동의를 얻어 고객 데이터를 공유하는 경우도 이에 해당합니다.

서드 파티 데이터는 특정 기업이나 단체가 고객의 동의를 얻어 수집하는 '개인정보'와는 완전히 다른 데이터입니다. 서드 파티 데이터의 가장 쉬운 예는 여러분이 잘 아는 구글이나 페이스북, 네이버, 카카오 같은 매체에서 타기팅 광고 등을 운영할 목적으로 광고주 기업에 제공하는 데이터입니다. 고객의 관심사 정보나 성별, 연령대, 지역 같은 비식별 정보가 포함되지요.

이런 비식별 정보는 특정인을 식별할 수 없으므로 개인정보는 아니며, 광고하려는 제품 및 카테고리에 관심을 가질 만한 소비자 집단, 즉 타깃 오디언스에 광고를 노출할 때 많이 활용됩니다.

한편 서드 파티 데이터에는 매체에서 직접 제공하는 비식별 소비자 데이터 외에도, 마케팅에 활용할 목적으로 매체가 직접 수집해서 기업에 제공하거나 서비스에 활용하는 방대한 규모의 비식별 데이터가 있습니다. 대표적인 예가 웹web 이용성 데이터입니다. 소비자가 평소 웹사이트와 플랫폼, 서비스에 방문하면, 브라우저의 웹 쿠키cookie에 그들의 방문 이력과 검색 기록, 시청 또는 열람한 콘텐츠 등의 활동 정보가 기록되는데, 이 데이터를 대규모로 수집해서 마케팅에 활용할 수 있도록 기업에 제공하는 형태입니다. 하지만 웹 쿠키는 정확도도 떨어지고 보안과 관련된 각종 이슈가 제기되면서 점차 활용도가 낮아지고 있습니다.

그 대신 인터넷 환경이 웹 중심에서 모바일 중심으로 변화하면서 지금은 모바일 단말기의 고유 식별번호인 광고 ID*를 활용합니다. 이에 따라 모바일 이용자의 다양한 행동 정보를 수집해서 인사이트를 제공함과 동시에 광고 타기팅에 활용하도록 지원하는 전문 데이터 서비스가 서드 파티 데이터 시장을 주도하고 있습니다. 그 외에도 소비자의 카드 결제 데이터나, 지역 데

---

* 광고 ID는 모바일 단말기에 부여되는 고유의 식별부호로 안드로이드에서는 ADID, iOS에서는 IDFA라고 부른다. 사용자의 검색 활동, 광고 반응, 앱 설치 및 이용 기록 등을 추적할 목적으로 활용된다.

마케팅을 바꾸는 데이터의 힘

이터 등 다양하게 수집되어 활용되는 비식별 데이터 모두 서드 파티 데이터
라고 할 수 있습니다.

Q2. 우리 고객을 깊이 있게 이해하는, 퍼스트 파티 데이터란?

데이터 수집과 운용 주체에 따른 퍼
스트 파티와 서드 파티 데이터의 기본적인 차이점은 충분히 이해하셨으리
라 생각합니다. 결과적으로 제로 파티 데이터와 세컨드 파티 데이터 역시
기업이 수집·운영의 주체라는 점에서 크게 퍼스트 파티 데이터에 포함되며,
서드 파티 데이터와 구분됩니다.

퍼스트 파티 데이터는 기업이 직접 고객 데이터를 수집하고 운용하기 때
문에 주로 자사 고객을 이해하고 인사이트를 얻을 목적으로 활용됩니다. 고
객의 동의를 얻어 활용하므로, 개인 또는 특정한 조건의 고객 집단을 깊이
있게 분석할 수 있습니다. 퍼스트 파티 데이터는 특정 기간의 방문자·회원
가입자·서비스 이탈자·구매전환 수와 비율 등 주로 정량화된 데이터의 규
모와 차이를 분석하는 데 사용되지만, 고객이 발생시키는 다양한 이벤트(구
매 과정에서의 다양한 행동 등)를 분석해서 숫자에 숨은 인사이트를 발견할 수도
있습니다.

퍼스트 파티 데이터로는 특정 제품 카테고리를 조회하는 고객은 어떤 사
람인지, 회원가입 후 바로 구매로 전환되는 고객의 공통적인 특징은 무엇인

지, 제품을 장바구니에 담아놓고도 일정 기간 이상 구매하지 않는 고객은 어떤 사람인지 등 외부 데이터로는 알 수 없는 고객의 특징을 분석해볼 수 있습니다. 또한 고객이 남긴 데이터는 광고에서 유입된 후 제품 페이지에서 이탈하는 고객이 많다면 해당 페이지의 어떤 부분이 문제인지, 제품 상세페이지를 조회하고도 다음 단계로 넘어가지 않고 이탈하는 이유는 무엇인지 등 문제의 원인을 파악하고 개선하는 데도 활용됩니다.

하지만 퍼스트 파티 데이터는 해당 기업 고객에 한정되므로, 전체 시장의 움직임과 소비자 특성, 트렌드를 파악하는 데는 제약이 있습니다. 특히, 아직 고객 모수가 적은 기업이라면 아무리 깊이 있는 분석을 하고 인사이트를 얻었다고 할지라도 그 인사이트만으로 해당 카테고리 소비자 전체가 똑같을 것이라고 가정할 수 없습니다. 아래 [그림 3.6]에서 보는 바와 같이 서드 파티 데이터를 활용해야 우리 고객이 외부에서 어떤 활동을 하며 경쟁사 고객

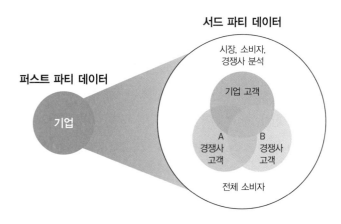

[그림 3.6] 퍼스트 파티와 서드 파티 데이터 활용

은 누구인지, 우리 서비스와 경쟁 서비스를 함께 이용하는 고객은 누구인지, 우리 카테고리의 제품 및 서비스를 전혀 이용하지 않는 사람은 누구인지 쉽게 파악할 수 있습니다.

Q3. 전체 시장을 탐색하는 눈, 서드 파티 데이터란?

예를 들어 설명해보겠습니다. 반려동물 용품을 판매하는 전용 쇼핑몰이 있습니다. 고객 데이터를 분석해보니 20대 이하 여성이 회원 구성 대부분을 차지합니다. 따라서 모든 마케팅 활동을 20대 이하 여성이 주를 이루는 커뮤니티에서 이벤트를 진행하거나 젊은 여성을 타깃으로 한 인플루언서를 섭외하는 쪽으로 집중해왔습니다. 그리고 디스플레이 광고로 신규 회원가입을 유도하고 이들이 좋아할 만한 콘텐츠를 개발했습니다. 많은 마케팅 예산을 투입한 결과 신규 회원가입이 늘어났고, 효율적인 퍼포먼스 마케팅 활동으로 신규 고객 유치 비용이 점점 낮아졌습니다. 비즈니스 성장을 기대했지만, 늘어나는 회원 수 대비 매출은 별로 늘어나지 않아 고민이 커지던 차였습니다. 그런데 최근 서드 파티 데이터를 분석해서 발표한 반려동물 시장 리포트를 보니 반려동물 용품의 주요 구매자는 구매력이 높은 40대 여성이며, 모바일 앱과 커머스 영역 모두에서 비중이 더욱 커지고 있다고 합니다. 자사 고객 데이터만으로 마케팅 타깃을 선정하면서 정작 구매력이 높은 핵심 타깃을 놓친 탓에 마케팅 전략과 실행이 비즈니스 성장에 도움을 주지 못한 것입니다. 이처럼 퍼스트 파티 데이터만을 가지고서는 전체 시장과 소비자를 이해하는 데 분명한 한계가 있습니다.

퍼스트 파티 데이터의 이런 한계점을 보완할 수 있는 것이 바로 서드 파티 데이터입니다. 서드 파티 데이터로는 기업 고객에 한정된 데이터 인사이트를 전체 시장으로 확대해서 검증해볼 수 있을 뿐만 아니라 경쟁사 이용 고객의 특징을 파악해서 비교 분석하거나, 자사 우량 고객의 특징과 유사한 소비자 집단을 찾아 분석할 수 있습니다. 오늘날 대부분의 브랜드는 경쟁사와 고객을 공유합니다. 특정 브랜드만 이용하는 충성고객을 제외하고는 대부분의 소비자가 같은 카테고리 내의 여러 브랜드 제품을 특별히 구분하지 않고 사용하기 때문입니다. 따라서 경쟁사 고객이나 우리 제품을 이용하지 않는 고객을 이해하면 비즈니스 성장에 큰 도움이 됩니다.

서드 파티 데이터는 개인정보가 드러나지 않은 비식별 데이터라 개인을 특정할 수는 없지만, 데이터의 규모가 엄청나게 크기 때문에 시장 트렌드와 소비자 특징, 경쟁사 움직임 등을 파악하고 대응하는 데 매우 유용하게 활용됩니다. 예를 들어, 광고 캠페인을 집행할 때 매체에서 제공하는 여러 가지 타기팅 옵션*에 따라 기업과 광고 제품에 관심을 가질 만한 소비자에게

---

* 매체나 서드 파티 데이터 제공 사업자들은 사전에 분류해놓은 기준, 즉 성별, 연령 등의 인구통계적 데이터뿐만 아니라 관심사, 생애주기, 직업, 취미활동, 주거 지역, 주 이용 콘텐츠, 자산 규모 등의 비식별 데이터로 파악과 추정이 가능한 다양한 소비자 분류 기준을 제공한다.

　　　　　　　　　　　마케팅을 바꾸는 데이터의 힘

[그림 3.7] 페이스북의 상세 타기팅 분류

타기팅 광고를 집행할 수 있습니다. 앞의 [그림 3.7]은 페이스북에서 광고를 집행할 때 선택할 수 있는 상세 타기팅 분류이며, 이와 같이 매체에서 제공하는 오디언스 데이터 또한 서드 파티 데이터에 해당합니다.

하지만 매체가 제공하는 타기팅 옵션은 사전에 정의된 분류 기준에 따라 선택하는 것이므로 타깃 오디언스를 설계하는 데 많은 제약이 따릅니다. 더욱 다양한 소비자 데이터를 활용하여 타깃을 선별하려면 비식별 데이터를 기반으로 서비스를 제공하는 전문 데이터 플랫폼인 DMPData Management Platform를 활용하는 편이 좋습니다. DMP를 이용하면 자사 주 이용 고객과 경쟁사 이용 고객의 차별점을 파악할 수 있으며, 경쟁사 브랜드별 사용자 특징을 파악해서 자사 제품과 서비스의 차별화 전략에 활용할 수도 있습니다. 또한 서드 파티 데이터를 활용하면 신규 유입 고객이 어떤 채널에서 유입되었는지, 고객을 공유하는 경쟁사는 어디인지, 이탈하는 고객은 어떤 경

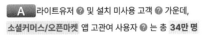

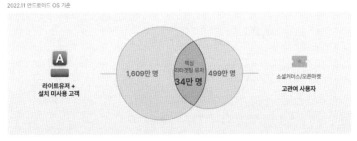

[그림 3.8] 서드 파티 데이터 활용 사례 : 아이지에이웍스 마케팅 클라우드[4]

마케팅을 바꾸는 데이터의 힘

쟁사로 이동했는지 등 퍼스트 파티 데이터로는 파악할 수 없는 다양한 인사이트를 확보할 수 있습니다.

앞의 [그림 3.8]처럼 서드 파티 데이터를 이용하면 자사 서비스만을 이용하는 충성고객이나, 자사 서비스 라이트 유저light user*, 혹은 미사용 고객**을 선별해서 그들의 특징을 분석한 데이터를 매체에 온보딩하여 타기팅 광고를 집행할 수도 있습니다. 자사 서비스 이용도가 낮은 소비자일지라도 해당 카테고리 고관여 사용자***라면 기업에 매우 중요한 고객이며 마케팅과 광고의 핵심 대상이라고 할 수 있습니다. 자사 고객 데이터만으로는 이런 인사이트를 얻을 수 없지만 퍼스트 파티 데이터와 서드 파티 데이터를 함께 분석한다면 더 깊이 있고 풍부한 인사이트를 얻을 수 있습니다.

---

* 자사 서비스 사용 고객 중 이용 빈도나 사용 시간이 매우 낮은 고객

** 자사 고객 중 서비스 진입 이후 거의 활동이 없는 휴면 고객

*** 자사 서비스 라이트 유저이지만 해당 카테고리 고관여 사용자라면 반드시 우리 고객으로 모셔야 할 매우 중요한 소비자이다. 이런 소비자를 대상으로 타기팅 광고를 진행할 때에는 더 높은 광고 단가를 지불하거나, 평균적인 광고보다 효율이 훨씬 낮더라도 계속 광고를 노출하려는 노력이 필요하다.

4장

고객을 다각도로
이해하는
빅데이터 솔루션을
찾아라!

고객 성향은 무엇으로
측정하고 분류할까?

스프레드시트 오류가 불러온
막대한 비즈니스 손실

데이터를 분석하고 활용하려면 상황에 따라서 전문적인 데이터 솔루션이 필요합니다. 그런데 적극적으로 데이터를 활용하는 기업이 아니라면 자체적인 데이터 시스템을 구축하거나 유료로 데이터 분석 솔루션을 활용하기가 상당히 부담스럽습니다. 이런 경우에는 구글 애널리틱스Google Analytics 같은 무료 데이터 측정·분석 툴을 사용하는 것도 좋은 방법입니다. 하지만 구글 애널리틱스를 사용하더라도 결국엔 보고서 작성을 위해 분석한 데이터를 내려받아서 스프레드시트에서 다시 취합하고 이를 다시 요약하는 일이 많습니다.

단순한 분석이나 보고는 가능하겠지만, 데이터의 종류가 많거나 출처와 항목이 다르다면, 여러 개의 스프레드시트 파일을 PC 화면에 띄워놓고 복사 붙여넣기를 무한 반복하면서 하나의 파일로 통합하는 과정을 거쳐야만 합니다. 이런 과정은 사실 분석이라기보다는 단순 작업에 가깝습니다. 특히 매일 업데이트되는 데이터를 취합하고 리포팅해야 하는 상황이라면 이처럼 반복적이고 단순한 작업을 하느라 매일 오전 시간을 허비하는 경우가 많습니다. 아래 [그림 4.1]처럼 스프레드시트의 악몽이 일상화되는 것입니다.

알터릭스alteryx에 따르면 전 세계적으로 약 3000만여 명의 스프레드시트 고급사용자가 있으며, 그중 유럽에서 활동하는 550만여 명은 한 주에 약 28시간 스프레드시트를 사용하고, 이를 합산하면 1년에

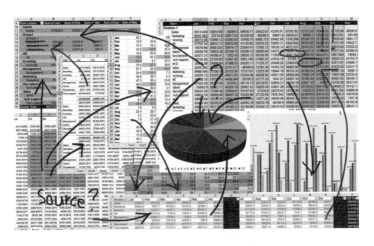

[그림 4.1] **스프레드시트의 악몽**[1]

마케팅을 바꾸는 데이터의 힘

총 80억 시간에 달한다고 합니다. 이들 고급 스프레드시트 사용자는 유럽 전체 기업 근로자의 12%에 해당하고, 이들 개개인이 데이터를 찾아 업데이트하고 정리하는 단순 작업에 매주 9시간 정도를 소비[2]한다고 하니, 고급인력이 스프레드시트 반복 작업에 얼마나 많은 시간과 노력을 낭비하는지 알 만합니다.

그러나 아무리 숙달된 실무자라고 하더라도 사람이 관리할 수 있는 물리적인 데이터 규모와 다룰 수 있는 데이터 종류에는 한계가 있으며, 사람이 하는 일이다 보니 오류도 자주 발생합니다. 실제로 IBM 보고서에 따르면, 모든 스프레드시트 중 88%가량에 적어도 하나 이상의 오류가 있다고 합니다.[3] 문제는 이런 오류가 단순 지표상의 오류로 끝나지 않고 막대한 비즈니스 손실을 일으키거나, 잘못된 의사결정의 근거로 사용되는 상황이 일어난다는 점입니다.

실제로 영국의 바클레이스 은행Barclay's Bank은 스프레드시트에서 수식을 삭제하지 않고 숨겨두기를 해둔 탓에 수백만 달러의 손실을 입었으며, 캐나다의 에너지기업 트랜스알타TransAlta는 실무자의 복사 붙여넣기 실수로 설비에 필요한 트랜스미션 가격을 거래 가격보다 높게 입찰해 2400만 달러의 대금을 더 내야 했습니다. 그 유명한 글로벌 금융기업 JP 모건JP Morgan 조차도 투자가치산정 모델을 계산하면서 복사 붙여넣기 실수로 무려 20억 달러의 자산 손실을 보았다고 알려져 있습니다.[4] 단순히 실무자의 스프레드시트 오류로 일어난 일이라고 하기엔 엄청난 경제적 손실입니다. 아마도 스프레드시트 오류를 찾아내느라 고생한 기억이 있는 분이라면 남의 일이 아니라는 생각이 들 겁니다.

스프레드시트의 문제점은 여기에 그치지 않습니다. 기업에서 다루어야 하는 데이터양이 기하급수적으로 늘어나는 바람에 스프레드시트 내에서의 수식 연산이나 처리 속도가 느려질 뿐만 아니라, PC 메모리가 충분하지 않으면 일부 데이터를 제대로 확인하지 못하는 일도 발생합니다. 또한 담당 부서나 직책에 따라 데이터 접근 권한을 따로 부여해서 관리할 수 없으므로 개인정보가 담긴 스프레드시트 파일을 활용하고 있다면 보안성도 상당히 취약합니다. 사실 스프레드시트는 누구나 쉽게 배워서 활용할 수 있다는 장점 때문에 실무에서 간단한 수준의 데이터를 취합하고 분석할 때 가장 많이 활용해왔습니다. 하지만 점차 분석할 데이터의 양과 종류가 방대해지면서 스프레드시트를 활용한 데이터 처리는 한계에 이르렀습니다. 보다 현대적이고 고도화된 데이터 처리 기술과 프로세스 개선에 대한 요구가 잇따랐고 관련 기술의 지속적인 발전이 이루어지고 있습니다.

고객 행동 데이터와
프로파일 데이터는 다르다

앞에서 살펴본 데이터의 종류가 다소 개념적이었다면, 이제는 기업이 비즈니스 전략을 수립하거나 마케팅에 활용할 때 실제 분석에 활용하는 데이터 분류 기준을 알아보도록 하겠습니다. 일반적으로 마케팅 실무 현장에서 활용하는 데이터는 크게 고객 행동behavioral 데이터와 고객 프로파일profile 데이터 두 가지로 나뉩니다.

먼저 **고객 행동 데이터**는 주로 고객이 자사 플랫폼을 이용하는 과정에서 일어나는 상호작용을 기록한 데이터입니다. 요즘같이 이커머스 중심인 유통 환경에서는 소비자가 광고에 반응하는 시점부터 구매에 이르기까지 모든 과정의 데이터를 설계한 대로 측정하고 저장할 수 있으며, 가장 많이 활용하기도 합니다. 고객 행동 데이터는 광고 성과를 비롯해 방문, 회원가입, 검색, 구매, 재구매, 이탈 등 고객 행동을 단계별로 측정한 정량적 지표입니다. 그러나 각 측정 지점의 지표는 어떠한 가치를 지닌 값으로 해석되기보다는 규모와 비율을 평가하는 데 주로 사용됩니다. 또한 특정 행동이 이루어지는 시점을 기준으로 저장되므로 시간에 종속됩니다.

이렇게 고객 구매 과정의 단계별 지표와 행동 데이터를 활용하는 것만으로도 제품별·부서별·유통채널별 분석처럼 데이터가 파편화되어 있을 때보다 훨씬 더 많은 인사이트를 얻을 수 있습니다. 결과적으로, 전반적인 마케팅 활동의 효율과 고객경험의 단계별 성과를 파악하고 개선할 수 있지요. 하지만, 데이터 활용이 본격적으로 이루어지기 시작하면 점점 더 고도화된 분석이 필요해지는 시점이 옵니다. 제품 자체나 구매 단계별 행동 데이터를 계속 분석하다 보면 자연스럽게 고객 유형과 집단에 따라 행동 특징이 어떻게 다르게 나타나는가를 분석할 필요성을 느낄 겁니다.

이렇게 고객을 어떤 공통된 특징을 가진 유형과 집단으로 정의해서 분류한 것이 바로 **프로파일 데이터**입니다. 프로파일 데이터는 고객의 속성을 기준으로 분석하며 성별·연령·거주 지역과 같은 인구통계적 속성과 함께 방문 빈도·관심 품목·구매 금액 등 공통적인 특징을 가진 집단을 분석할 때 사용합니다. 프로파일 데이터는 고객의 상태를 나타내므로 고객의 상황과 조건이 변하면 속성도 따라서 변화하는 유동성 데이터이며, 측정 시점을 기준으로 갱신됩니다. 어떤 VIP 고객이 이번 달에는 Gold 등급으로 낮아졌다면, 새로운 측정 시점인 이번 달에는 VIP 요건에 부합하지 않았기 때문에 그 속성이 갱신된 것입니다. 아래 [그림 4.2]는 고객 프로파일 데이터와 행동 데이터의 대표 항목입니다.

프로파일 데이터는 그 자체로 의미가 있다기보다는 보통 행동 데이터와 결합해서 분석합니다. 그리고 고객 한 사람은 다양한 프로파

고객 프로파일 데이터	고객 행동 데이터
성별, 연령, 거주 지역, 방문 빈도, 회원 등급, 관심 상품, 구매 금액 등	방문, 회원가입, 상품 검색, 상품 조회, 장바구니, 결제, 이탈 등

[그림 4.2] 프로파일 데이터와 행동 데이터의 대표 항목

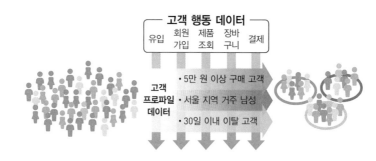

[그림 4.3] 고객 행동 데이터와 프로파일 데이터

일 속성값을 가지지만, 주로 특정 속성을 공유하는 고객을 하나의 집단으로 분류해서 분석 대상으로 선정합니다.

행동 데이터와 프로파일 데이터의 분류 기준을 다시 정리해보자면 위 [그림 4.3]과 같습니다. 고객 행동 데이터는 고객의 구매 과정에서 단계별로 측정한 정량적인 값을 설명해주는 데이터입니다. 프로파일 데이터는 쉽게 말해, '~한 행동'을 한 고객 중 '~한 조건'을 가진 고객은 얼마나 되며 어떠한 특징을 나타내는가를 분석할 때, '~한 조건'이라는 고객의 특성을 분석 목적에 따라 정의한 데이터입니다.

방대한 고객 행동 데이터를
어떻게 체계화할까?

데이터는 어디에서 와서
어디로 흐르는가

비즈니스에서 디지털 전환이 급속히 진행되면서 데이터 공급 출처는 계속 늘어나고 있고, 데이터의 양 또한 급격히 증가했습니다. 대부분 기업의 거의 모든 부서에서 업무와 관련된 많은 양의 데이터를 수집해서 활용하므로, 부서별로 나누어 관리하는 데이터를 하나로 모아서 관리할 필요가 있습니다.

이렇게 다양한 데이터 공급 출처를 정의하고 하나의 통합된 저장소로 모으는 작업을 **데이터 파이프라인**data pipeline 구축이라고 부릅니다. 마케팅 실무에서 쉽게 접하는 광고 데이터, 고객 회원가입 데이터뿐만 아니라 각종 웹 데이터, 모바일 앱 데이터, 온오프라인 판매 데이터, ERP 데이터 그리고 기존 서버에서 관리하는 온갖 데이터까지 모든 종류의 데이터를 하나의 물리적 공간으로 모으는 일입니다. 보통은 SDK Software Development Kit* 나 API Application Programming Interface** 로 연결해서 자동으로 데이터를 수집하고 저장하거나, 필요한 형식에 맞게 정제해서 직접 서버에 업로드합니다.

데이터 파이프라인으로 수집한 데이터는 거대한 저장용량을 갖춘 하나의 저장소에 모아 놓아야 하는데, 이것을 **데이터 레이크** data lake 라고 부릅니다. 데이터 레이크는 파이프라인을 통해 들어온 데이터를 저장하는 역할만을 담당합니다. 정해진 규칙에 따라 정제 및 정의된 형식의 데이터만을 저장할 수 있던 기존 방식과 달리 데이터 형식에 상관없이 정형·비정형 데이터를 모두 저장할 수 있어 융통성이 뛰어납니다. 하지만 가공된 데이터가 아니므로 누구나 쉽게 활용하기는 어려우며, 코딩이 가능한 프로그래머만 접근할 수 있어 마케팅 실무

---

* SDK는 프로그램 개발에 참고가 될 만한 가이드 문서, 코드 샘플, 기타 유틸리티 등이 포함된 소프트웨어 개발 도구 모음을 말한다. 예를 들어, 조립 가구를 주문하면 조립에 필요한 간단한 공구와 조립 설명서, 참고 이미지 등이 함께 제공되듯이, 프로그램을 개발할 때 프로그래머들이 개발 작업을 원활히 하는 데 도움이 되는 각종 지원사항이 포함된 키트이다.

** API는 특정 운영체제에서 응용 프로그램 앱을 개발할 때 필요한 규칙으로, 운영체제나 프로그래밍 언어가 제공하는 기능을 제어할 수 있도록 개발자를 위해 만들어진 인터페이스를 말한다. 예를 들면, 서로 다른 A앱과 B앱이 데이터나 기능을 공유할 때 API로 두 앱을 연동한다. 일반적으로 회원가입을 할 때 페이스북이나 카카오톡을 활용해 간단하게 회원가입을 할 수 있도록 제공되는 소셜 간편 로그인 social login 도 양 서비스가 API로 연동해서 만든 기능이다.

자에게 그림의 떡일 수밖에 없습니다.

 데이터 레이크에 다양한 데이터를 모아 놓은 다음에는 원본 데이터를 목적에 따라 더욱 편하게 찾아 분석할 수 있도록 체계적으로 분류하고 정리해야 하는데, 이런 과정을 ETL이라고 부릅니다. ETL은 추출Extract, 가공Transform, 적재Load의 초성을 따서 만든 약어이며 데이터 레이크에 저장된 원본 데이터를 분석 가능한 형태로 정제한다는 뜻입니다. ETL 과정을 거친 데이터는 일종의 물류창고 역할을 하는 체계화된 저장공간에 분류 기준과 사용 목적에 따라 적재되는데 이 공간을 데이터 웨어하우스data warehouse라고 부릅니다. 말 그대로 품목별, 유통채널별로 제품을 분류해 보관하는 물류창고를 떠올리면 쉽게 이해될 겁니다. 다만, 이 단계에서도 SQLStructured Query Language*이라는 하부 언어를 거쳐야만 데이터를 조회하고 분석할 수 있습니다. 물류창고에서 제품을 적재하거나 다시 꺼낼 때 컨베이어벨트나 지게차 등 전문 장비를 이용해야 하는 것과 유사합니다. 코딩보다 쉽다고는 하지만, 역시나 SQL이라는 컴퓨팅 언어를 배워야 하는 제약이 따릅니다.

* SQL은 데이터 웨어하우스에 저장된 데이터에 접근할 때 사용하는 데이터베이스 하부 언어를 말한다. 단어가 의미하는 그대로 구조화된 질의어이며, 일정한 규칙을 가진 정의어, 명령어, 조작어로 구성된 규칙어로, 특정 데이터 시스템에 한정되지 않아 가장 널리 활용된다. 일반 프로그래밍 언어보다 상대적으로 쉬우므로 일부 기업에서는 마케팅 담당자가 직접 SQL로 데이터에 접근해서 데이터를 추출하고 분석하기도 한다.

이렇게 데이터 웨어하우스로 모인 데이터는 수도 없이 많은 기준과 분류 체계에 따라 저장되는데, 대개는 수백에서 수천 가지의 데이터 컬럼이 존재하며, 컬럼에는 수천 아니 수천억 개에 이르는 데이터가 저장됩니다. 하지만 이 모든 데이터가 항상 필요하지는 않습니다. 담당 업무에 따라서 극히 일부의 데이터만 활용해도 되는데 굳이 모든 데이터가 저장된 거대한 물류창고를 매번 드나들 이유는 없겠지요. 그래서 데이터를 각 분야와 목적에 맞게 규모와 범위를 최소화하고, 관련 부서 담당자라면 누구나 쉽게 접근해서 활용할 수 있도록 별도로 정리해 놓은 곳을 **데이터 마트**data mart 라고 부릅니다.

퍼포먼스 마케팅 담당자는 매체별 광고 성과 데이터를 주로 분석할 테고, 그로스 마케팅 담당자는 자사 플랫폼의 고객 행동과 프로파일 데이터를 주로 분석할 것입니다. 마케팅 임원은 세부적인 데이터보다는 전체적인 마케팅 성과를 한눈에 볼 수 있는 핵심 지표만 보고받고, 최고경영자는 그중에서도 전략적으로 중요한 지표가 담긴 대시보드만 보고받는 게 일반적입니다. 이렇듯 데이터에 접근할 때에는 활용 목적, 그리고 데이터를 보는 최종 소비자의 역할과 요구사항에 맞추어 사전에 정의된 대시보드 도구를 활용하면 편리합니다. 평소 즐겨 마시는 음료수를 구매할 때에는 대형 할인점에 가지 않고 가까운 편의점이나 슈퍼마켓에 가듯, 데이터 마트는 실제 데이터를 보는 사람의 접근성과 개별 목적에 맞게 최소 단위로 분류해놓은 데이터 저장소입니다. 그리고 데이터 마트는 지금까지 우리를 괴롭혀왔

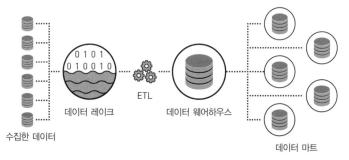

데이터 레이크   ETL   데이터 웨어하우스

수집한 데이터

데이터 마트

[그림 4.4] 고도화된 데이터 처리 프로세스 데이터 분석 환경과 도구

던 스프레드시트의 악몽을 해방하는 근본적인 대안으로 활용됩니다. 위의 [그림 4.4]는 지금까지 설명한 고도화된 데이터 처리 프로세스를 이해하기 쉽게 정리한 개념도입니다.

목적에 따라 데이터를
측정하고 분석하고 활용하는 툴

수집하고 정제한 데이터를 활용 목적에 맞게 실무에서 활용하려면 각 단계별로 솔루션 또는 툴이 필요합니다.* 데이터 관련 솔루션은 목적에 따라 크게 측정·분석·액션

---

* 여기서 솔루션이란 비즈니스에서 데이터를 활용할 목적으로 사용하는 IT 기반 하드웨어, 소프트웨어, 기술 등이 적용된 플랫폼을 말하며, 비즈니스 각 단계의 업무를 효율적으로 관리하고 문제를

툴 세 가지로 나뉩니다. 물론 툴에 따라서 위 기능을 모두 제공하거나 특정 기능만을 제공하기도 하지만, 핵심 기능을 중심으로 분류해서 설명해보도록 하겠습니다.

① 데이터 측정 툴

측정Attribution 툴은 말 그대로 데이터가 생성되는 위치에서 사전에 정의한 특정한 행동을 측정하고 데이터로 저장하는 도구이며, 어트리뷰션 툴 또는 트래킹Tracking 툴이라고 부릅니다. 데이터 측정 툴을 어트리뷰션 툴이라고 부르는 이유는, 어트리뷰션이라는 영어 단어의 '(어떤 현상을) ~의 결과(덕분)로' 본다는 뜻에서 비롯되었습니다. 결국 트래픽이 어느 매체 혹은 경로에서 유입되었는지, 어떤 광고나 컨텐츠로 유입되었는지 기여도를 파악하려는 툴의 목적에 따른 이름입니다. 측정 툴은 환경에 따라서 웹 분석 툴과 모바일 분석 툴로 나뉩니다. 하지만 모바일 환경이 중심이 되면서 최신 측정 툴은 대부분 웹과 모바일 데이터 모두 측정 기능을 지원합니다.

웹 환경에서 방문자 수나 페이지 뷰, 방문자 특성 등의 정보를 구할 때 가장 대중적으로 활용되는 측정 툴은 무료 이용이 가능한 구글의 UAUniversal Attribution로, 보통은 GAGoogle Analytics라고 부릅니다. GA

해결하기 위해 사용하는 해결책으로서의 도구를 의미한다. 툴 역시 해결 도구라는 의미로 동일하게 사용되며, 여기에서는 간단히 툴로 통칭하고자 한다.

의 기능은 계속해서 발전하고 있습니다. 특히 구글이 2020년 런칭한 GA4는 기능이 업그레이드되어 웹과 모바일 앱 모두에서 원활하게 데이터를 측정할 수 있으며, 역시나 기본 측정·분석 기능은 무료입니다. 프리미엄 버전인 GA360을 사용하면 데이터 샘플링*을 하지 않고, 데이터에 소유권을 갖는다는 장점이 있지만, 상당히 비싼 사용료를 지불해야 합니다. 아래 [그림 4.5]는 구글 애널리틱스의 주요 기능이 어떻게 발전되어 왔는지를 보여줍니다.

GA4는 기존 UA보다 측정 방식이 다양화되고 기능이 업그레이드되었지만, 개인적으로 그것보다 크게 두 가지 측면에서 의미 있는 발

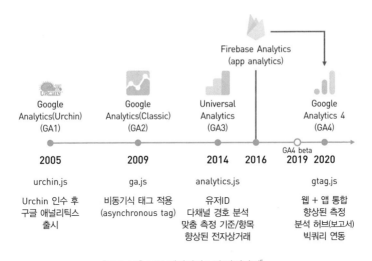

[그림 4.5] **구글 애널리틱스의 발전과정**[5]

....

* 빠른 데이터 처리를 위해 전수 데이터가 아닌 일부 데이터만을 처리하는 방식을 말한다.

마케팅을 바꾸는 데이터의 힘

전이었다고 생각합니다. 첫째, 웹과 모바일 앱을 연계한 측정이 가능해졌다는 점입니다. UA에서도 모바일 웹 측정이 가능했지만, 모바일 앱과 연동해서 분석할 수는 없었습니다. GA4는 로그인 사용자 ID를 공유하는 웹, 모바일 웹과 모바일 앱을 모두 연동해 데이터를 수집하고 분석합니다.

둘째, 웹페이지가 아닌 사용자 관점에서 분석할 수 있다는 점입니다. UA는 사용자 단위가 아닌 세션* 단위로 데이터를 측정하기 때문에 퍼널별 전환율도 전환 수/세션 수로 계산해야 했습니다. 하지만 GA4는 사용자별 전환율 계산이 가능하며, 사용자 단위의 데이터를 단계별로 측정합니다.

최근에는 인터넷 트래픽의 65% 정도가 모바일에서 이루어지기에[6], 마케팅 실무에서 사용하는 데이터 분석 툴도 점차 모바일 중심으로 바뀌어가고 있습니다. 대표적인 모바일 데이터 측정 툴로는 애드브릭스adbrix, 앱스플라이어Appsflyer, 에어브릿지Airbridge, 애드저스트Adjust 등이 있습니다.

모바일 광고를 통한 유입은 웹과 달리 초기에 앱을 설치하는 과정이 필요하므로 광고 클릭 후 앱스토어를 거친다는 특징이 있습니다.

....

* UA의 세션은 동일한 사용자가 1회 방문 시 발생시킨 상호작용의 집합으로, 페이지 뷰page view, 이벤트event, 거래transaction, 클릭click, 영상 재생video play 등 모든 상호작용 액션이 한 세션에 집계되었다.

[그림 4.6] 모바일 광고 유입 트래킹 시 사용자 데이터의 유실 가능성

그런데 앱스토어를 거치는 과정에서 [그림 4.6]에서처럼 광고를 클릭한 소비자가 어느 매체, 혹은 어느 광고에서 유입되었는지가 유실됩니다. 따라서 모바일 어트리뷰션 툴은 모바일 단말기의 고유 식별번호인 광고 ID 데이터를 확보합니다. 이 광고 ID로 광고 클릭, 앱 설치 후 회원가입, 구매 등 앱 내에서 벌어지는 모든 이벤트를 사용자 단위로 측정하도록 구현되어 있습니다.

한편 측정 툴의 또 다른 중요한 역할은 광고 사기를 가려내고 방어하는 기능입니다. 광고매체가 다양해지고 특히 모바일 광고가 급성장하면서, 가짜 닫기 버튼으로 클릭을 유도하거나 광고를 클릭하지 않았음에도 광고주의 랜딩 페이지로 이동하게 auto redirection 만드는 등의 사기 광고가 성행했습니다. 또한 광고 뒤에 레이어 layer를 만들어 광고를 여러 개 숨겨두고 노출량을 속이는 애드 스태킹 ad stacking, 동영상 광고를 자동으로 플레이시키거나 백그라운드에서 재생되도록 만드는 방법, 심지어는 광고 성과를 의도적으로 부풀리는 해킹 수준의 공격적인 방법까지, 그 수법이 점점 더 교묘하고 대담해지고 있습니다.

마케팅을 바꾸는 데이터의 힘

이런 광고 사기 기법은 소비자의 브랜드 경험을 부정적으로 만들 뿐만 아니라, 광고주의 소중한 광고비를 낭비한다는 점에서 심각한 문제입니다. 따라서 이를 방지할 대책이 필요합니다. 고도화된 측정 툴은 대부분 광고 사기를 자동으로 검출Fraud Kill-Chain하고 방어하는 기능을 보유합니다. 평소 퍼포먼스 광고나 DA 광고를 운영하는 마케터라면 광고 사기 방지 기능을 제공하는 액션 툴을 활용해서 광고 효과를 정확히 측정해야 합니다. 광고로 유입된 고객의 경로와 전환을 추적하고, 광고비가 누수되거나 낭비되는 일 없이 효율적으로 쓰이고 있는지 세심하게 관리해야 합니다.

② 데이터 분석 툴

데이터 분석Analysis 툴은 어트리뷰션 툴로 수집한 각종 데이터를 효율적으로 분석하고, 마케팅뿐만 아니라 비즈니스 전반에 걸친 인사이트를 더욱 쉽고 직관적으로 도출할 때 사용합니다. 데이터 분석 툴로는 다양한 경로에서 수집한 데이터를 목적에 맞게 분류하거나 결합해서 가설을 수립하고 검증하는 과정을 거칩니다. 더 나아가 데이터에서 일관된 패턴이 발견된다면 앞으로 일어날 일을 예측하고 대비해서 비즈니스와 마케팅 의사결정에 큰 도움을 받을 수 있습니다.

글로벌 시장에서 서비스하는 데이터 분석 툴은 상당히 많습니다. 우선 가장 기본적으로 데이터 분석 전문가들이 사용하는 오픈소스 프로그래밍 언어를 활용한 R과 파이썬Python이 있는데, 두 가지 툴 모

[그림 4.7] 데이터 분석 툴 믹스패널의 대시보드[7]

두 프로그래밍 언어에 대한 기본적인 이해가 필요하므로 마케터가 직접 활용하기는 어렵습니다. 그래서 대중적으로 많이 사용하는 툴이 서비스형 소프트웨어인 사스Software as a Service; SaaS 형태의 완성형 분석 플랫폼입니다. 앞서 무료 어트리뷰션 툴로 소개했던 GA4도 기본적인 분석 기능은 모두 갖추었지만, 국내에는 앰플리튜드Amplitude, 믹스패널Mixpannel, 어도비 애널리틱스Adobe Analytics 등이 고도화된 데이터 분석 기능을 제공하는 사스형 솔루션으로 많이 알려져 있습니다.

데이터 분석 툴을 이용하면 다양한 출처에서 수집한 데이터를 그룹group by, 상태condition, 프로파일profile 조건으로 자유롭게 조합하여 시각화된 결과 리포트를 생성할 수 있습니다. 미국의 데이터 테크 회사인 테크타깃TechTarget은 데이터 분석 툴을 활용하는 이점을 다음과 같이 열두 가지로 정리합니다.[8]

마케팅을 바꾸는 데이터의 힘

1. 실시간 데이터 분석과 빠른 인사이트 도출로 의사결정에 도움

2. 다양한 데이터를 정제, 분류, 구조화하는 데 걸리는 시간 단축

3. 데이터에서 발견한 현상의 확인, 검증, 확장에 용이

4. 시각화, 실시간 분석, 예측 분석, 머신러닝 등 다양한 방법을 실무에 적용

5. 적은 데이터 세트로도 최소한의 시간과 노력으로 분석 모델 확대 적용이 가능

6. 시계열 데이터를 기간 단위로 추적 및 관찰하여 변화 추이를 분석

7. 데이터를 속성에 따라 쉽고 빠르게 통합하고 연결하여 여러 사용자가 함께 분석

8. 데이터 관리 기능으로 데이터를 구조화 및 표준화하여 지속 가능성 확보

9. 데이터 관리 정책을 반영하여 데이터를 바르게 활용하고 각종 법령과 규제를 준수

10. 다양한 프로그래밍 언어와 분석 방법으로 실시간으로 데이터를 추출, 변환, 분석할 수 있도록 원활한 프로세싱 지원

11. 데이터 보안 기능을 활용해 과도한 통제 없이 원활한 데이터 분석 환경 제공

12. 데이터 시각화, 대시보드, 리포트 제공으로 누구나 데이터 기반 의사 결정 가능

③ 데이터 액션 툴

데이터 분석을 거쳐 세분화된 고객 집단 또는 개인이 선별되면 이들을 대상으로 개별적인 마케팅을 진행하는데, 이때 활용하는 도구가 데이터 액션Action 툴입니다. 보통은 공통적인 특성을 보이는 고객 집단을 대상으로 마케팅 액션을 수행하며, 목적에 따라 고객 ID 기준으로 개별 고객이 일정 조건에 이를 때 자동으로 마케팅 액션이 수행되도록 할 수도 있습니다.

개인화 마케팅을 자동화하면 한번 세팅한 조건에 따라 액션 툴이 마케팅 액션을 자동으로 실행합니다. 예를 들어, 데이터를 분석해보니 회원가입(Day n) 약 2주 후(Day n+14)부터 이탈률이 급증했다면, 이탈이 발생하기 직전(Day n+10)에 할인 등의 특별한 혜택을 담은 이메일이나 푸시 메시지가 자동으로 발송되도록 세팅할 수 있습니다. 이때 회원가입 시 얻었던 관심사 정보나 고객이 초기에 관심을 보인 제품이 있다면 해당 데이터를 적용해 개인별로 차별화된 메시지와 혜택을 제안하는 것도 가능합니다.

데이터 액션 툴은 기본적으로는 CRM Customer Relationship Management (고객 관계 관리, 이하 CRM) 툴과 거의 비슷한데요. 과거의 CRM 툴이 주로 이메일이나 전화 등에 의존했다면 이제는 문자, 메신저, 소셜미디어, 앱 푸시 등 고객과의 커뮤니케이션 채널이 워낙 다양해졌기 때문에, 마케팅 실무자가 이렇게 많은 채널을 일일이 지정해서 활용하기가 현실적으로 불가능합니다. 또한 과거처럼 인구통계적 특성이나 매출 등 한정적인 고객정보가 아니라 고객 여정 전 과정에서 수집한 데이터로 고객 세그먼트를 나누어서 마케팅해야 하므로 데이터 액션 툴 활용이 필수적입니다. 데이터 액션 툴은 고객의 개인정보와 행동 데이터, 프로파일 데이터를 바탕으로 사전에 정의한 조건에 따라 자동으로 다양한 채널에 메시지를 보내고 그 성과를 효율적으로 관리하는 데 도움을 줍니다.

측정·분석 툴이 고객경험에서의 문제점을 발견하고 그 원인을 찾는 수단이라면, 액션 툴은 발견된 문제를 해결하고 고객경험을 개선하는 실행 수단입니다. 액션 툴은 고객 데이터를 기반으로 고객의 행동을 예측하여 선제적으로 대응하게 해줄 뿐만 아니라, 각각의 성향에 맞춘 더욱 개인화된 경험을 제공해줍니다. 중장기적인 고객 관계를 형성하는 데 필수적인 도구이지요.

뿔뿔이 흩어진 고객 정보를
하나로 모을 수는 없을까?

고객 데이터 플랫폼,
비즈니스 전 과정을 아우르다

고객 데이터 플랫폼 Customer Data Platform; CDP(이하 CDP)은 기업이 퍼스트 파티 데이터를 수집·정제·분석·활용할 때 기능별로 서로 다른 솔루션을 활용해야 한다는 분석 도구의 파편화 이슈를 해결해주는 통합 솔루션입니다.

CDP는 여러 가지 다양한 분석 도구, 즉 데이터 측정·분석·액션 툴의 모든 기능을 하나의 솔루션에서 통합적으로 제공한다는 것 이상의 의미가 있습니다. 우선 CDP는 기업이 고객의 모든 경험 과정을 데이터 기반으로 설계하고 측정해서 최적화할 수 있게 돕습니다. 더 나아가 고객과의 관계를 중장기적으로 관리함으로써 지속적인 매출 증대를 꾀하고 비즈니스 성장을 만들어내는 마케팅 수단입니다. CDP는 단순히 데이터를 분석하거나 활용하는 통합 툴이 아닌 비즈니스 전 과정에 걸쳐 디지털 전환을 주도하는 전략적 수단으로 이해하는 것이 좋습니다.

CDP 활용의 대표적인 장점은 고객의 모든 경험을 360도 전방위로 측정하고 분석할 수 있다는 점입니다. 이렇게 얻은 데이터 인사이트는 고객경험을 개선하는 데뿐만 아니라 마케팅과 서비스 운영 전반에서 모든 고객과의 접점을 개인화 및 자동화하는 데 활용됩니다. 그 결과로 고객과 브랜드의 관계가 강화되고, 매출로 직결되는 구매 전환율이 높아지겠지요. 반복적인 구매를 유도함과 동시에 충성도 또한 강화되니, 꼭 필요한 마케팅 도구입니다.

CDP라는 용어가 마케팅 업계에 널리 알려진 지는 그리 오래지 않았습니다. 그간에는 DB 마케팅 솔루션이나 CRM 솔루션으로 불리는 시스템들이 CDP와 유사한 역할을 담당해왔습니다. 하지만 오늘날과 같이 모바일 중심으로 끊임없이 변화하는 환경에 속도를 맞추어 시스템을 빠르게 고도화하기는 점점 더 어려워지고 있습니다. 기업이 오랜 기간 많은 인적자원을 투입해서 자체적으로 구축형 시스템on-premise을 개발해 갖추더라도, 계속해서 변화하고 업데이트되는 외부 환경과 기술을 매번 자체적으로 내부 시스템에 반영하려면 엄청난 비용과 시간, 노력이 소요되기 때문입니다.

그래서 자체 구축 시스템의 대안으로 급부상한 모델이 바로 시스입니다. 사스는 플랫폼 전문 기업이 직접 개발하여 운영하는 애플리케이션 또는 솔루션으로, 각종 유지·관리 업무를 클라우드 컴퓨팅의 형태로 제공합니다. 복잡한 구축 과정 없이 단순한 도입으로 전문성을 갖춘 최신 솔루션을 이용할 수 있지요. 과거와 달리 이제는 전 세계적으로 기업의 시스템 구축 부담이 줄고 구독 형태로 가볍게 이용하는 사스 형태의 솔루션 도입이 대세이며, 데이터 관련 플랫폼, 특히 CDP 영역에서도 가장 널리 이용됩니다.

사스 방식은 아래 [그림 4.8]에서 보는 바와 같이 자체적인 인프라 구축에 엄청난 비용과 시간을 투입하는 대신 업무 프로세스를 디지털로 전환하고 실무자 교육과 운영에 집중하는, 더욱 혁신적인 시스템 도입 방식입니다.

글로벌 시장뿐만 아니라 우리나라에서도 최근 CDP에 대한 관심

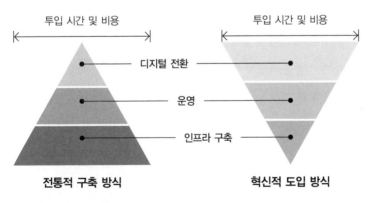

투입 시간 및 비용   투입 시간 및 비용

디지털 전환

운영

인프라 구축

전통적 구축 방식   **혁신적 도입 방식**

[그림 4.8] 전통적 구축 방식과 사스 기반의 혁신적 시스템 도입 방식

마케팅을 바꾸는 데이터의 힘

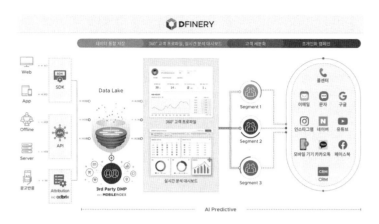

[그림 4.9] 아이지에이웍스의 CDP, 디파이너리의 기능 개념도

도와 도입 사례가 급격하게 증가했는데, 현재 데이터 측정부터 분석·액션 기능까지 갖춘 국산 CDP는 아이지에이웍스IGAWorks의 디파이너리DFINERY가 유일합니다. 위의 [그림 4.9]는 아이지에이웍스 디파이너리의 핵심 기능을 정리한 개념도입니다. 다양한 데이터를 수집하는 단계부터 통합 저장·정제·분석·활용 단계까지 전 과정을 하나의 솔루션에서 실행할 수 있는, 통합 고객 데이터 플랫폼의 모습을 갖추고 있습니다.

철저한 고객 관점
의사결정과 실행이 가능하도록

기업 차원에서 사스 기반의 CDP로 인정받으려면 몇 가지 중요한 요건이 필요합니다. 첫째, 웹 데이터, 모바일 앱 데이터, 오프라인 데이터, ERP 데이터, 광고 데이터 등 종류와 형식에 상관없이 데이터를 정확하게 측정하고 수집할 수 있어야 합니다. 둘째, 서로 다른 형식의 정형·비정형 데이터를 클라우드 상에 준비된 안정적인 데이터 저장공간에 모두 저장하고, 필요에 따라 자유롭게 통합하거나 분리해서 분석할 수 있도록 데이터 레이크가 지원되어야 합니다. 셋째, 기업의 퍼스트 파티 데이터뿐만 아니라 타 기업에서 확보한 세컨드 파티 데이터, 그리고 외부의 서드 파티 데이터까지도 유기적으로 연동해서 고객을 분석할 수 있어야 합니다. 넷째, 하나의 공통된 식별자*를 기준으로 다양한 데이터를 고객 관점에서 통합하고 분석함으로써 고객에 대한 360도 프로파일 관리가 가능해야 합니다. 다섯째, 고객 데이터를 기반으로 개별 고객의 행동적·페르소나적 특징을 분석할 수 있어야 합니다. 분석 결과로는 공통된 속성을 가진 고객을 목적에 따라 자유롭게 세분화하고 조합해서 집단별로 마케팅을 집행할 수 있어야 합니다. 끝으로, 다양한 채널에서 고객 개인부터 세분화된 고객 집단에까지 자동화된 마케팅

---

* 대부분 고객 ID나 광고 ID(ADID 또는 IDFA)를 공통 식별자로 활용한다.

　　　　　　　　　　　마케팅을 바꾸는 데이터의 힘

활동을 수행할 초개인화 액션 기능이 지원되어야 합니다.

사실 이런 모든 기능적인 요소들은 데이터 수집·정제·분석·활용 등 기능에 맞는 별도의 데이터 솔루션을 활용해도 되지만 개별 툴을 연동해서 활용하면 비용이 커질 뿐만 아니라, 툴마다 사용법도 다르고 문제가 생겨도 해결하기가 매우 어렵습니다. 이에 기능별로 별도의 툴을 사용해야 하는 불편함과 비효율성을 개선할 통합 데이터 솔루션에 대한 시장의 요구가 커졌으며, 기업의 디지털 전환을 도모할 핵심 플랫폼으로서 CDP가 등장했습니다.

CDP를 도입한다는 것은, 결국 기업의 모든 비즈니스 및 마케팅 의사결정을 데이터에 기반해서 추진할 제반 환경을 갖추었다는 뜻입니다. 지금까지는 다양한 데이터를 활용하더라도 고객 관점이 아닌 각 부서의 필요에 따라서 데이터를 수집하고 활용하는 일이 많았습니다. 이제는 CDP를 활용함으로써 철저하게 고객 관점에서 모든 데이터를 분석하고 인사이트를 도출할 수 있습니다. 사람의 직관이나 경험이 아닌 데이터에 기반한 의사결정과 마케팅 실행이 가능해졌습니다. 즉, 다음 [그림 4.10]과 같이 고객의 모든 AARRR 퍼널과 서비스 이용 과정user path을 데이터로 들여다보고 최적화하는 통합 데이터 마케팅 도구가 생겼습니다.

CDP는 과거의 데이터 분석에 근거해 개선 방법을 찾는 데 그치지 않고, AI 기술로 고객의 구매행동을 예측해 구매전환율을 높이는 데에도 쓰입니다. 휴면 고객 진입 여부나 서비스 이탈 행동을 예측하

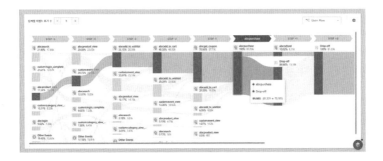

[그림 4.10] CDP 디파이너리의 서비스 이용 과정 분석 데모 화면

고 고객 유지 효율을 높이는 등 데이터를 활용한 미래 지향적 마케팅 활동을 가능케 하는 강력한 도구이지요. 특히 소비자의 관심과 행동적 특성이 다양화되어 개인화 마케팅 요구가 많이 늘어난 시점에, 개인별 특성과 처한 상황에 맞춰 개인화 메시지를 자동화하는 기능은 데이터 마케팅의 필수적인 요소입니다.

마케팅을 바꾸는 데이터의 힘

고객이 지속해서 방문하는지 확인하는 세 가지 분석 방법

실무에선 어떻게 데이터를 분석할까

이제부터는 조금 더 구체적으로 실무에서 가장 많이 활용하는 데이터 분석 방법을 살펴보겠습니다. 통계적으로는 사실 더 복잡하고 어려운 방법론도 있지만, 마케팅에서는 다음 세 가지 분석 방법만 잘 활용해도 많은 인사이트를 얻을 수 있습니다. 바로 코호트Cohort 분석, 리텐션Retention 분석, 퍼널Funnel 분석입니다.

① 코호트 분석

조금 불편한 예일 수 있지만, 코로나-19가 팬데믹으로 치달으면서 뉴스에서 특정 건물의 확진자를 대상으로 '코호트 격리'에 들어간다는 표현을 자주 들어보셨을 겁니다. 감염병의 추가 확산을 막기 위해 동일 질병에 감염된 사람(동일한 특징을 가진 집단)을 일정 기간 격리한다는 뜻으로, 데이터 분석에서도 많이 활용되는 개념입니다.

코호트는 심리학, 의학, 교육학 등 다양한 분야의 연구에서 활용되어 온 개념으로 '동질적인 특징을 가진 사람들의 집단'을 뜻합니다. 마케팅 관점에서 동일한 특징을 가진 사람은 어떻게 구분할까요? 당연히 특정한 인구통계적 기준, 즉 성별, 연령, 거주지, 직업, 결혼 여부 등을 기준 삼을 수 있습니다. 신규 방문, 회원가입, 제품 상세페이지 열람, 장바구니 담기, 결제 등 특정한 행동도 기준이 됩니다. 그렇다면 고객 집단과 코호트는 어떻게 다른지 궁금해집니다. 사실 위에 나열한 여러 공통적 특징은 고객 집단의 개념입니다. 코호트는 일반적으로 고객 집단에 '시간적 조건'을 더합니다. 즉, '일정 기간에 특정 조건이나 경험을 공유하는 집단'이라고 이해하면 됩니다.

코호트 분석은 고객을 여러 가지 분류 기준으로 나누고 다양한 변수를 적용해보면서 결과지표를 확인합니다. 예를 들면, 신규 회원가입이란 기본 조건에 시간적 기준, 즉 1월부터 3월까지를 적용해 1인당 평균 결제 금액Average Revenue Per User; ARPU 차이를 분석해본다면, '신규 회원가입'이라는 공통적 경험과 '1월부터 3월까지'라는 시간적 조건을 공유하는 특정 코호트를 대상으로 '1인당 평균 결제 금액'이라는 변수의 차이를 파악해보는 것입니다.

코호트 분석은 평균의 함정에서 벗어난다는 장점이 있습니다. 예를 들어, 특정 기업의 연간 매출이 증가했다면, 그 기업의 비즈니스 전반이 성장했다고 판단할 수 있습니다. 그런데 지역별로 나누어서보니 서울을 제외한 전 지역 매출은 전년 대비 하락했고 서울만 큰 폭으로 상승한 연유였다면, 수

마케팅을 바꾸는 데이터의 힘

도권과 비수도권의 매출 격차가 더 커졌다고 판단해야 맞습니다. 이처럼 코호트를 더 세분화해서 분석하면 평균에 묻힌 인사이트가 보입니다. 데이터는 가능한 한 작은 단위로 나누어 분석해야 좋다고 말하는 이유입니다.

② 리텐션 분석

리텐션 분석은 영어 단어가 가진 본연의 뜻인 '유지'의 의미로, 기준 시점 이후로 고객이 서비스를 얼마나 이탈하지 않고 이용하고 있는가를 분석하는 방식입니다. 리텐션 분석은 다시 클래식Classic, 레인지Range, 롤링Rolling 세 가지로 나뉘며[9], 서비스의 특징에 따라 적합한 방식이 다릅니다.

클래식 리텐션은 가장 간단한 개념으로 특정 이벤트 발생일(Day 0) 이후 측정일(Day n)에 재방문 여부를 확인하고 이를 비율로 계산해서 고객의 재방문율을 분석하는 방식입니다. 예를 들어, 이벤트 발생일(Day 0)에 열 명이 서비스에 가입하고, 이틀 뒤(Day 2)에 두 명이 재방문했다면, 두 명을 열 명으로 나눈 값(0.2)이 해당일(Day 2)의 클래식 리텐션 값이 됩니다.

$$\frac{\text{이벤트 발생일(Day 0) 이후 측정일(Day n)에 재방문한 사람 수}}{\text{이벤트 발생일(Day 0)에 처음 회원가입한 사람 수}} = \textbf{클래식 리텐션}$$

클래식 리텐션은 오랜 기간 지속적인 방문 여부를 확인하는 데 이용되기보다는 소셜미디어나 메신저, 콘텐츠 등 매일 사용하거나 방문 주기가 짧은 서비스의 리텐션을 측정하는 데 많이 활용됩니다.

레인지 리텐션은 기본적으로 클래식 리텐션과 동일한 방식이지만, 일 단위가 아닌 일정한 주기별 방문 여부를 확인해서 계산하는 방법입니다. 레인지 리텐션은 측정 시점의 레인지(예를 들어, 회원가입 이후 두 번째 주)의 재방문자 수를 첫 번째 레인지(회원가입한 첫 번째 주)의 재방문자 수로 나눈 값입니다.

$$\frac{측정\ 주기(Day\ 7\sim13)\ 내에\ 한\ 번이라도\ 재방문한\ 사람\ 수}{첫\ 번째\ 주기(Day\ 0\sim6)에\ 처음\ 회원가입한\ 사람\ 수} = 레인지\ 리텐션$$

일반적으로는 일정한 주기(주 단위, 월 단위 등)로 분석하는데, 해당 기간에 한 번이라도 방문했거나 중복 방문했더라도 횟수와 상관없이 리텐션으로 적용합니다. 매일 확인해야 할 정도로 자주 이용하는 서비스가 아니라면 주 단위로 많이 측정하며, 직관적이고 쉬워서 실무에서 많이 활용됩니다.

롤링 리텐션은 앞서 살펴본 리텐션과는 조금 다른 방식입니다. [표 4.1]를 기준으로 모바일 앱 사용자의 롤링 리텐션을 계산해보겠습니다. 고객이 앱을 인스톨한 날을 Day 0으로 놓고 앱 설치 다음 날(Day 1)부터 측정 전날(Day 7)까지 앱 실행 데이터를 파악합니다. 이때 앱을 방문하지 않은 날(×), 방문한 날(👤), 최종 방문일(👤)을 구분하여 표시합니다. 그리고 Day 1부터 Day 7까지 분석 기준일을 포함하여, 그 이후로 재방문하지 않았다면 리텐션에서 제외합니다. 만약 분석 기준일부터 측정 전날 사이에 앱을 한 번이라도 방문했다면, 즉 최종 방문일이 존재한다면, 이전까지 한 번도 재방문하지 않았더라도 그 기간엔 이탈하지 않은 것으로 간주합니다.

	Day 0	Day 1	Day 2	Day 3	Day 4	Day 5	Day 6	Day 7	측정일
User 1	👤	👤	👤	👤	👤	👤	👤	★	
User 2	👤	👤	X	★	X	X	X	X	
User 3	👤	X	X	👤	★	X	X	X	
User 4	👤	X	X	X	X	X	★	X	
User 5	👤	★	X	X	X	X	X	X	
Retention	100%	100%	80%	80%	60%	40%	40%	20%	

[표 4.1] 롤링 리텐션 계산

롤링 리텐션은 측정 기준일 이후에 단 한 번이라도 서비스를 재방문한 이용자(예를 들어, 앱을 오픈한 사람) 수를 최초 이벤트 발생 시점 이용자(예를 들어, 앱을 설치한 사람) 수로 나눠서 계산하며, 기준일 이후 측정일까지 딱 한 번 방문해도 백 번을 방문한 것과 같이 방문이 유지되었다고 간주합니다.

$$\frac{\text{측정 기준일 이후에 앱을 한 번이라도 오픈한 사람 수}}{\text{이벤트 발생일(Day 0)에 앱을 처음 인스톨한 사람 수}} = \textbf{롤링 리텐션}$$

쉽게 표현해 기준일 이후 일정 시간이 지난 후에도 아직 남아 있는 이용자, 즉 재방문자가 몇 명인가를 파악하는 것이며, 그래서 리턴Return 리텐션이라고 부르기도 합니다. 리텐션을 분석하는 오늘을 기점으로 과거 측정 기준일 이후로 남아 있는 고객의 비율을 보는 것이므로 계산법이 단순하다는 장점이 있지만, 고객이 자주 방문하는 유형의 서비스에서는 자주 이용하는 고객과 어쩌다 한번 이용하는 고객 간 빈도 차이를 분석하기 어려우므로, 여행, 숙박, 이사 등 구매나 재방문 주기가 비교적 긴 제품이나 서비스에서 중장기 고객 관계를 관리하거나 리텐션의 추이를 보고자 할 때 많이 활용합니다.

만일 앞의 세 방법이 다소 복잡하게 느껴진다면 더 간단하게 리텐션을 계산하는 방법도 있습니다. 바로 인게이지먼트Engagement 지표로, 일별 활동 이용자의 수를 월별 활동 이용자 수로 나눈 값을 주기별로 관찰하면 됩니다.

$$\frac{DAU}{MAU} = 인게이지먼트$$

인게이지먼트 지표는 날마다 동일한 사용자가 반복적으로 들어오는지 아니면 새로운 사용자가 들어오는지를 빠르게 가늠하도록 해줍니다. 사용자들이 주기적으로 꾸준히 들어오는 전화, 메신저, SNS 등 클래식 리텐션에 잘 맞는 서비스에서 활용하기에 적합하지요.[10] 측정 기준이나 성격이 다른 카테고리의 서비스를 비교하기에는 적합하지 않으며, 동종 서비스 간 인게이지먼트 흐름 파악에 도움이 됩니다. 인게이지먼트 지표가 10% 미만이면 한 달에 세 번 정도 재방문한다는 뜻이며(30일의 10%), 이 지표가 커질수록 재방문 횟수와 서비스 고착도가 높다고 판단합니다.

③ 퍼널 분석

퍼널 분석은 서비스 이용 고객이 방문 이후 특정 단계까지 전환되는 수와 비율을 파악하는 방법입니다. 일반적으로 유입되는 고객의 수는 구매 과

마케팅을 바꾸는 데이터의 힘

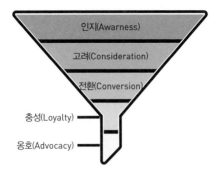

[그림 4.11] 마케팅 퍼널 개념도

정의 각 단계를 거치면서 점점 줄어듭니다. [그림 4.11]과 같이 인지 단계에서 시작해 구매를 고려하고, 구매 후 브랜드의 충성고객이 되기까지의 과정이 점점 좁아지는 깔때기 모양과 비슷해서 퍼널이란 이름이 붙었습니다.

커머스 플랫폼에 방문하거나 회원가입한 고객 중 제품 상세페이지를 열람한 고객의 수나, 장바구니에 제품을 담은 고객 중 결제까지 완료한 고객의 수 등 구매 여정의 각 단계별로 전환된 고객 수를 파악하고 비율을 계산해서 전환 효과를 파악한 적이 있다면 그게 바로 퍼널 분석입니다.

마케터들이 퍼널 분석에 가장 많이 활용하는 모델은 앞서 2장에서 살펴본 AARRR 모델입니다. 고객 획득, 활성화, 유지, 수익, 추천 각 단계별로 얼마나 많은 고객이 전환되었는지, 이전 단계에서 전환된 비율은 어느 정도인지를 파악해서 단계별 고객경험의 효율성을 판단합니다. 단계별 전환율 분석은 역으로 이탈한 고객 수와 단계별 이탈률 분석과 맞닿으므로, 고객이 각 단계에서 이탈한 이유를 파악하고 서비스를 개선하는 일에도 유용하게 활용됩니다.

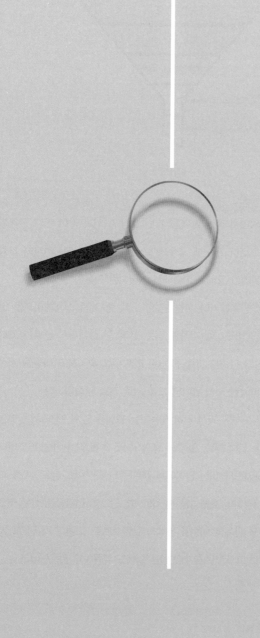

3부

소비자를
VIP로 만드는
마케팅의 진화

5장

그로스 마케팅은 기존 마케팅과 무엇이 다를까?

소비자는 마음을 알아줄 때
충성고객이 된다

소비자 구매경험의
일거수일투족 들여다보기

마케팅 관련된 일을 하는 사람
이라면 최근 들어 '그로스 마케팅'이란 용어를 적지 않게 들어보셨을
겁니다. 이 용어를 누가 처음 제시했는지는 알 수 없지만, 그로스 마
케팅이란 용어가 그로스 해킹Growth Hacking에서 파생된 것임은 분명해
보입니다. 그로스 해킹이란 개념과 용어는 2011년 페이팔PayPal의 마
케팅 매니저로 일하던 션 앨리스Sean Ellis가 구인공고에 자신과 같이
일하면서 성장을 만들어낼 그로스 해커를 모집한다고 기재하면서 처
음 사용되었고, 이후 그의 책《진화된 마케팅 그로스 해킹》[1]에서 공
식적으로 소개되었다고 합니다.

왠지 해킹이란 단어가 들어가서 무언가 불법적이거나 개발자나 이해할 만한 복잡한 개념으로 보일 수도 있겠지만 그로스, 즉 성장의 개념과 합쳐진 그로스 해킹은 전혀 부정적이거나 불법적인 개념이 아닙니다. 오히려 비즈니스나 조직이 가진 과제나 문제점을 기존의 정형화되거나 전통적인 접근 방법이 아닌 창의적이고 혁신적인 접근으로 해결하고자 하는 방식입니다. 그로스 마케팅 역시도 해킹이란 단어가 빠지긴 했지만, 창의적이고 혁신적인 접근으로 해법을 찾는 마케팅이라고 이해하시면 됩니다.

그로스 마케팅의 핵심은 명확한 '근거'를 기반으로 마케팅에서 전략, 실행, 분석, 평가, 개선의 과정을 지속한다는 점입니다. 여기서 말하는 명확한 '근거'는 바로 데이터입니다. 기존의 전통적 조사에서는 일부 소비자를 표본으로 데이터를 얻었다면, 그로스 마케팅에서는 실제 소비자들이 브랜드를 경험하는 과정에서 보인 일거수일투족을 분석 대상으로 삼습니다. 그래서 추정하거나 확대하여 해석하지 않고 있는 그대로의 현상, 즉 사실적 근거에 기반하여 평가와 의사결정을 내립니다. 마케팅 캠페인을 실행하는 과정에서도 반드시 고객경험의 각 단계에서 예상되는 고객의 행동과 반응에 맞는 데이터 측정 도구와 방법을 마련한 뒤 데이터를 수집해야 합니다. 수집한 데이터로 끊임없이 원인을 분석하고 개선 방법을 찾아가는 과정, 그것이 바로 그로스 마케팅입니다.

AARRR 분석으로
고객 구매경험 최적화하기

그로스 마케팅은 마케팅 퍼널의 관점에서 봤을 때 고객이 제품 또는 서비스를 인지하기 이전부터 실제 구매를 일으키고 반복적으로 구매하며 충성고객이 되기까지의 모든 과정을 고객경험의 관점에서 빈틈없이 측정하고 분석해서 개선하는 과정입니다. 그래서 그로스 마케팅에서는 고객 의사결정 단계인 퍼널이 더욱 강조됩니다. 2장에서 디지털 시대의 커뮤니케이션 모델인 AISAS 모델과 그로스 마케팅에서 주로 활용되는 AARRR 모델을 연결한 통합적인 관점을 소개해드렸습니다.

이 장에서는 AARRR 모델을 각 단계별로 조금 더 구체적으로 설명하겠습니다. AARRR 모델은 소비자가 특정 브랜드에 반응하고 잠재 고객으로서 브랜드와 만나는 순간인 고객 획득 단계에서 시작해 활성화, 유지, 수익, 추천 다섯 단계로 나뉩니다. AARRR 모델은 퍼널이란 단어의 원래 의미인 '깔때기' 형태로 다음 [그림 5.1]과 같이 다음 단계로 넘어갈수록 전환되는 모수가 줄어드는 구조입니다.

고객 획득은 보통 광고 또는 다양한 마케팅 활동을 통해 고객이 유입되는 첫 단계입니다. 제품이나 서비스 런칭 시점 또는 직후에 대대적인 마케팅 활동을 진행할 때 가장 중요하게 고려하는 단계입니다. 주로 신규 고객이 얼마나 늘어났는지, DAU와 MAU가 얼마나 늘어났는지를 보고 고객 획득의 성과를 판단합니다. 지금까지 전통적인

[그림 5.1] AARRR 모델과 고객경험 퍼널

마케팅 방식에서는 대대적인 런칭 캠페인 광고를 집행한 후 광고가
얼마나 노출되었는지, 소비자 인식과 태도가 얼마나 긍정적으로 바
뀌었는지 등으로 그 효과를 추정하거나 조사했을 뿐, 실제 소비자의
행동 반응을 파악할 방법이 없었습니다. 하지만 지금은 측정 툴을 활
용해 어떤 채널에서 가장 많은 신규 고객이 방문했는지, 가장 효율성
이 높은 매체는 어디였는지 파악할 수 있으므로 매체별·광고 소재
별 효율을 명확하게 비교할 수 있습니다.

활성화는 신규 방문 고객이 바로 이탈하지 않고 서비스를 제대로
경험하고 있는지 판단하는 단계입니다. 기업의 의도대로 고객경험
이 활성화되고 있다면, 플랫폼에서 여러 메뉴를 둘러보거나 콘텐츠
를 시청하고 제품 상세페이지를 검토하는 등 평균 체류 시간과 페이
지 뷰가 늘어나겠지요. 이처럼 활성화 지표가 꾸준히 증가한다면 최
초 방문 이후 초기 고객경험이 긍정적이라고 판단할 수 있으며, 반대
로 초기 이탈률이 높다면 광고 직후 방문한 랜딩 페이지의 디자인이

나 콘텐츠, 기능 부분에 이상이 없는지 분석해봐야 합니다.

보통 퍼포먼스 광고의 목적은 신규 고객 유입인데, 그 효율 지표가 아무리 높더라도 유입 직후 이탈하는 고객 비율이 높다면 아무 의미가 없습니다. 더군다나 신규 유입 방문자가 어떤 사람인지, 이탈한 사람은 어떤 특징을 보이는지 확인할 데이터가 없다면, 소중한 마케팅 예산이 줄줄 새어나가는 셈입니다. 따라서 신규 고객 유입을 위해 대대적인 마케팅 활동과 광고 캠페인을 시작하기 이전에 타깃 오디언스 데이터를 확보해 유입 고객의 특징을 파악하고 초기 유입 고객이 얼마나 활성화되고 있는지 분석하는 과정이 매우 중요합니다.

유지는 고객이 이탈하지 않고 지속적으로 재방문하고 있는지, 즉 고객 만족도를 확인하는 단계입니다. 제품이나 서비스에 만족한다면 고객은 자연스럽게 다시 방문하게 마련입니다. 하지만 대부분의 산업 분야에서 고객 유지율은 20%에도 미치지 못하며, 온라인 비즈니스나 이커머스의 경우에도 35%를 넘지 못한다고 알려졌습니다.[2] 고객의 재방문율을 높이고 서비스 이탈률을 낮추려면 이메일, 푸시 알림, 문자, 메신저, SNS 등을 활용해 자연스럽게 다시 방문할 이유를 제시해줘야 합니다. 행동 데이터를 분석해 고객이 관심을 보인 제품이나 콘텐츠 정보를 파악한다면, 개인의 관심사와 관련된 내용이나 특별한 혜택을 제공해서 재방문율을 높일 수 있습니다.

수익화는 유입된 고객들에게서 비즈니스의 근본 목적인 수익 창출이 이루어지고 있는지를 분석하는 단계입니다. 대대적인 마케팅 활동과 DA 퍼포먼스 광고로 많은 고객이 유입되어 퍼포먼스 광고의 효율이 아무리 높아져도, 궁극적으로 구매전환이 이루어져 광고비 대비 매출액*이 높아지지 않으면 소용없습니다. 광고에서 유입된 고객이 곧바로 구매전환을 일으키는 경우는 그리 많지 않으며, 바로 구매전환이 일어났다면 원래 구매를 결정한 고객이 직접 방문 대신 광고를 거쳐 유입되었을 가능성이 큽니다.

신규 유입 고객이 구매로 전환되려면 내부 마케팅이 지속되어야 합니다. 고객 수익화에 가장 널리 활용되어 온 방법은 CRM입니다. 데이터로 고객의 행동, 관심사, 주 이용 콘텐츠를 파악해서 개인의 상황에 맞춘 마케팅 메시지를 제안함으로써, 지속적인 구매를 유도하고 만족도를 높여 충성고객으로 만드는 방법입니다.

추천은 우리 제품이나 서비스가 고객을 통해 얼마나 외부로 소개되며, 만족한 고객의 추천으로 얼마나 많은 잠재고객이 추가로 유입되는지를 확인하는 단계입니다. 어떤 레스토랑을 방문했는데, 분위기도 좋고 맛도 있고 서비스도 좋았다면 우리는 자연스럽게 SNS에 포스팅하거나 친구들에게 이야기합니다. 바로 이런 활동이 자발적 추천이며, 이를 통해 얼마나 많은 신규 고객이 유입되는가를 확인하는 것입니다. 기존 고객의 추천 활동을 장려하는 방법으로는 고객이

---

* ROAS를 말한다. 광고 집행 금액 대비 매출액을 나타내는 지표로, (광고에서 발생한 매출/광고비)×100으로 산출한다.

마케팅을 바꾸는 데이터의 힘

친구에게 제공할 할인 쿠폰 제공, SNS 추천 이벤트 진행, 친구에게 선물하기 기능 적용이 주로 활용됩니다. 추천 활동의 성과는 피추천자의 반응 행동을 측정하여 평가하며, 신규 회원가입 시 추천인의 ID를 입력하도록 해서 서로에게 인센티브를 제공하거나, 회원가입 또는 구매 고객의 유입 경로를 측정하는 방법으로도 확인합니다.

실무에서 가장 많이 부딪히는 문제 체크하기

지금까지 그로스 마케팅이 기존의 마케팅 개념과 어떻게 다른지, 그리고 그로스 마케팅의 가장 기본이 되는 고객 퍼널인 AARRR이 어떤 개념이고 각 단계에서 어떤 활동을 해야 하는지 간략하게 살펴봤습니다. 그렇다면 이제부터 본격적으로 실무 현장에서 어떻게 데이터 마케팅을 하는지 이야기해볼까 합니다.

데이터 컨설팅을 하며 만나는 많은 마케팅 실무자나 의사결정자가 이구동성으로 하는 말이 있습니다. 도대체 데이터 마케팅을 어디서부터 시작해야 하냐는 겁니다. 솔직히 이 질문에 정답 같은 건 없습니다. 질문을 하는 사람과 회사마다 처한 상황이 다 다르고, 데이터 이해도와 사전 경험도 서로 다르기 때문입니다. 게다가 이미 데이터 측정 환경을 갖추었고 고객 데이터를 열심히 모으는 기업도 데이터 마케팅을 어떻게 시작해야 하냐고 많이 물어봅니다. 데이터가 있건 없건 간에 데이터 마케팅을 어디서부터 시작해야 하는지 알지 못하겠다면, 먼저 아래의 질문에 스스로 답변해보길 바랍니다.

- 데이터를 활용하려는 목적과 구체적인 계획은 무엇인가?
- 목적 달성에 어떤 데이터가 필요하며, 어디에서 얻을 수 있는가?
- 데이터 활용 목적에 따른 데이터 종류와 분류 기준은 수립되었는가?
- 개인정보 보호 정책 등 법률적 검토와 데이터 활용 정책 및 기준이 마련되었는가?

위 질문에 명확하게 대답할 수 없다면, 무턱대고 데이터부터 확보하는 것은 설계도면 없이 집을 짓는 행위와 같습니다. 설령 이미 확보해놓은 데이터가 있다고 하더라도 위 질문에 대답할 수 없다면 더 늦기 전에 기초부터 다시 정리해야 합니다.

데이터를 모으기 전, 제일 먼저 착수해야 하는 일은 데이터의 올바른 활용을 위한 기준을 정하는 일입니다. 이를 데이터 공급망data supply chain과 데이터 정책data policy 수립이라고 합니다. 용어가 다소 딱딱하게 느껴질지 모르겠지만, 어디에서 어떤 데이터를 어떤 기준으로 모아서 어떤 사람이 어떻게 활용할지를 내부 방침으로 명확하게 정하는 일이라고 생각하시면 됩니다.

오늘날 데이터의 출처는 정말 다양합니다. 웹 데이터, 모바일 앱 데이터, 기존 고객 데이터, 광고 결과 데이터, ERP 데이터, 오프라인 매장 데이터까지 정말 많은 출처가 존재합니다. 여기에 모바일 기기로 연결과 트래킹이 가능한 환경을 고려한다면 사물인터넷IoT 데이터, 지역 데이터, 커머스 데이터까지 공급망은 더 늘어납니다. 지금도 그렇지만 점점 더 복잡해지는 데이터 공급망을 사전에 정의하고, 활용 목적과 필요에 따라 유용한 데이터만을 선별해서 안정적으로 확보하는 일은 데이터 마케팅뿐만 아니라 기업 데이터 활용의 기본입니다. 데이터 공급망을 잘 관리하려면 위 질문에 대한 기준이 잘 정리되어 있어야 하며, 전사 데이터 출처를 관리하고 통제할 전담 부서 또는 관리 책임자를 두는 것이 좋습니다. 요즘은 최고데이터책임자Chief Data Officer; CDO를 별도로 두는 기업이 늘어나는 추세입니다.

데이터 공급망 관리가 전사적인 관점에서 제대로 이루어지지 않으면 여러 문제가 발생합니다. 첫째, 데이터 중복 수집의 문제입니다. 같은 데이터를 여러 부서에서 수집하면 수집과 저장, 관리에 불필요한 중복 비용이 발생합니다. 둘째, 데이터의 일관성 문제입니다. 같은 항목의 데이터를 부서별로 다른 형식 또는 기준으로 수집하면, 모든 데이터 요소를 한 곳에서만 제어 또는 편집해야 한다는 단일 출처 원칙Single Source of Truth; SSOT이 위배됩니다. 업무상 혼란도 가중되지요. 셋째, 데이터의 모호성 문제입니다. 특히 외부 데이터는 출처와 근거가 불명확할 수 있으며, 이는 데이터의 신뢰도에 부정적인 영향을 줍니다. 넷째, 데이터의 편향성입니다. 특정한 목적과 의도에 지나치게 집

중해서 데이터를 수집하면 데이터 자체에 편향이 발생해 왜곡된 인사이트를 도출할 가능성이 생깁니다.[3]

사실 데이터 컨설팅을 진행하면서 제일 난감할 때는 '우리는 다양한 데이터를 많이 보유하고 있다'고 자부하면서도 데이터 관리가 통합적으로 이루어지지 않는 조직과 함께 일해야 하는 경우입니다. 데이터가 많기는 많은데, 부서별로 각각 다른 저장공간에 다른 형태로 저장하고 분류 기준도 모두 달라서 고객 관점에서 통합적인 분석을 하기 어려울 때가 많습니다. 앞서 데이터 파편화 문제를 설명드렸던 것처럼, 부서별로 아무리 데이터를 열심히 수집해서 잘 활용하더라도 전사적 차원에서 활용하려면 데이터 공급망 관리 기준과 함께 데이터 정책이 명확하게 수립되어 있어야 합니다.

데이터 관리 정책이란 기업의 비전과 목표 달성에 필요한 데이터를 어떻게 확보할지에 대한 계획과, 확보한 데이터를 어떻게 효과적으로 운영하고 관리할지에 대한 계획을 전사적 체계로 정리하는 작업입니다. 이렇게 정의하면 너무 거창하고 무겁게 들리겠지만, 기업의 데이터 관리 원칙, 상세한 데이터 관리 프로세스, 그리고 이 과정을 지원하고 담당하는 조직을 구체적이고 상세하게 정하는 일입니다.[4] 기업의 여러 기물에 관리 책임자를 정해두고, 사용 방법에 대한 안내를 제공하고, 도움이 필요할 때 누구에게 요청할지 등을 공식적으로 정해놓는 일과 다르지 않습니다.

마케팅을 바꾸는 데이터의 힘

마케터라면 아하 모먼트와
북극성 지표에 주목하라

이탈하는 고객과
유지되는 고객의 차이

데이터의 출처와 공급망, 그리고 데이터 관리에 정책과 기준을 마련해야 한다는 점을 이해했다면 이제부터는 본격적으로 데이터 마케팅 실무로 들어가보겠습니다.

고객경험 과정의 AARRR 퍼널에서 가장 중요한 지점은 어디일까요? 실망스러울지 모르겠지만, 중요한 지점은 여러분이 직접 찾아야 하며, 정답은 데이터 속에 숨어 있습니다. 데이터 분석에서 발견한 고객 구매 퍼널의 가장 중요한 순간, 데이터 마케팅에서는 이것을 **아하 모먼트**Aha Moment라고 부릅니다.

아하 모먼트란 '고객이 처음으로 제품이나 서비스가 주는 진정한 가치와 편익을 발견하는 순간'을 의미합니다. 그리고 아하 모먼트를 발견한 고객은 그 제품이나 서비스를 계속 이용할 가능성이 커지므로 가능한 초기 고객경험 설계가 무엇보다 중요합니다. 기업 관점에서는 고객 행동을 분석하면서 마케팅적으로 매우 중요한 요인을 발견하거나 마케팅 성과에 결정적인 영향을 주는 현상을 발견하는 순간이 아하 모먼트가 됩니다. 그런 의미에서 아하 모먼트를 OMTM One Metric That Matters 이라고 부르기도 합니다. 아르키메데스가 목욕탕에서 넘치는 물을 보고 왕관 속 금의 밀도를 파악하는 방법을 깨달았을 때 '유레카'를 외친 것과 같은 맥락이지요.

그렇다면 고객경험을 최적화하고 리텐션과 충성도를 높이는 데 결정적 영향을 주는 아하 모먼트는 어떻게 발견할까요? 데이터 마케터 또는 그로스 마케터의 입장에서 아하 모먼트는 우연히 발견된다기보다는 끊임없이 관찰하고 실험하는 과정에서 마주하게 되는 진실의 순간이자 깨달음의 순간입니다. 아하 모먼트는 이탈하는 고객과 계속 남는 고객의 행동을 구분하는 변곡점이며, 두 고객 집단의 차이를 만드는 특성과 조건이 무엇인지를 깨닫는 지점입니다.

예를 들어, 페이스북은 신규 가입 고객이 10일 이내에 일곱 명과 친구로 연결된 이후부터 리텐션이 증가한다는 사실을 발견하고 이 조건을 아하 모먼트로 정의했습니다. 초기 활성화 사용자의 특징을 분석한 결과 이탈 고객과 유지 고객의 차이가 위 조건에서 발생한다는 사실을 발견한 것입니다. 다음의 [표 5.1]은 여러 기업이 찾아낸

브랜드	아하 모먼트
트위터	최소 30명 이상을 팔로우
드롭박스	드롭박스 폴더에 한 개 이상의 파일 저장
슬랙	팀 내에서 주고받는 메시지 2,000개 돌파
토스	4일 이내에 두 번 이상 송금
번개장터	2개월 이내에 세 번의 거래를 달성

[표 5.1] 다양한 기업의 아하 모먼트 사례

고객의 아하 모먼트로, 이탈 고객과 유지 고객의 변곡점이 되는 조건을 간략하게 정리한 내용입니다.

일반적으로 아하 모먼트는 95% 이상의 리텐션이 발생하는 지점을 의미하지만, 업종이나 서비스 특성에 따라 환경이 다르므로 굳이 특정 숫자에 얽매일 필요는 없습니다. 아하 모먼트를 발견하는 가장 쉬운 방법은 고객 구매 퍼널에서 이탈이 급증하는 구간이나 위치를 파악하고, 이 변곡점 이후에도 리텐션이 유지되는 고객의 공통적인 행동 특성을 정량적으로 분석하는 것입니다. 대개는 'a 행동을 t 기간에 n번 했을 때'와 같이 긍정적인 변곡점이 만들어지는 상황을 정량적인 조건으로 정리합니다. 여러분도 각자 실무 현장에서 고객 행동의 긍정적 변곡점을 찾아, 긍정적인 지표로 전환되거나 유지되는 고객이 공유하는 정량적 조건이 무엇인지를 분석해보시기 바랍니다.

이렇게 리텐션이 강화되고 유의미한 전환으로 이어지는 아하 모먼트를 만났을 때 그 공통적인 조건을 정량적 지표로 설정하고 비즈니스 성장의 목표로 삼는 것을 바로 **북극성 지표**North Star Metric라고 합니다. 육안으로도 잘 보일 만큼 밝고 북극에 가장 가까운 별인 북극성과 같이 비즈니스 성장에 가장 중요한 지표라는 의미에서 붙은 이름입니다. 물론 모든 아하 모먼트가 북극성 지표라고 단정 지을 수는 없겠지만, 고객이 해당 제품이나 서비스의 핵심 가치를 발견하고 충성고객이 되는 조건을 충족한다면 북극성 지표로 설정할 만하다고 생각합니다.

여러분이 유료 영상 콘텐츠 구독 플랫폼의 마케팅 실무를 담당하는 마케터라고 가정해봅시다. 고객 행동 데이터를 수집해 유료 결제 고객의 공통적인 특징을 분석해보니 '최초 가입 일주일 이내에 관심 주제별 무료 트레일러 영상 세 개 이상 시청'이라는 공통적인 특징이 도출되었습니다. 유료 구독 신청이라는 높은 전환 목표를 넘어선 고객이라면 리텐션뿐만 아니라 실제 유료 전환이라는 마케팅 목표를 달성한 것이므로 이 순간을 아하 모먼트로 정하고, '초기 가입 고객이 일주일 이내에 자신의 관심 분야 트레일러를 세 개 이상 시청하게 하는 것'을 북극성 지표로 삼을 수 있습니다. 그다음엔 어떻게 해야 할까요?

북극성 지표는 마케터만의 목표가 되어서는 안 됩니다. 비즈니스 성장의 핵심 지표인 만큼 북극성 지표의 달성은 전사적인 목표가 되어야 합니다. 콘텐츠 기획, 플랫폼 기획과 개발, 영상 제작과 디자인, 마케팅, 고객지원 부서에 이르기까지 비즈니스에 관여하는 모든 조직과 구성원이 지향해야 할 공동의 목표여야 한다는 말입니다. 결국 북극성 지표에 이르러야 하는 대상은 고객이며, 고객과 관련된 부서의 노력과 결과는 따로 분리되어서가 아니라 하나의 브랜드 경험, 하나의 고객경험으로 전달되기 때문입니다.

북극성 지표가 설정되었다면 각 부서는 모든 역량을 한 곳에 집중해야 합니다. 초기 랜딩 페이지에 무료 트레일러가 눈에 잘 띄도록 배치하고, 회원가입 시 관심 분야를 사전에 입력하도록 유도함으로써 관심 분야의 영상 콘텐츠가 추천되도록 설계해야겠지요. 또한 영상 트레일러를 편집할 때에도 핵심 장면들을 앞쪽부터 배치해서 방문 초기에 관심을 불러일으키고, 자연스럽게 유료 구독 신청으로 이어지도록 구독 신청 과정과 디자인(UX/UI) 요소를 최적화해야 합니다. 한편 초기 회원가입 후 며칠이 지나도록 재방문하지 않는 고객을 대상으로는 관심 분야 트레일러 가운데 가장 인기가 높은 트레일러를 이메일로 발송하거나 앱 푸시, 문자메시지, 메신저를 보내는 등 어떻게든 쉽고 빠르게 북극성 지표에 이르도록 모든 역량을 집중해야 합니다.

북극성 지표는 매출이나, 월간 방문자 수 증가와 같이 과거에 일어난 일을 평가하는 후행지표가 아닙니다. 데이터를 후행지표로 활용하는 것은 데이터를 확보하기 어려웠을 때 하던 일이며, 원인을 파악하지 못하기 때문에 전략에 반영하거나 서비스 개선에 활용하기 어렵습니다. 북극성 지표는 목표를 달성하는 데 필요한 행동, 즉 고객이 아하 모먼트에 이르도록 전략적 방향성과 실행 방안을 제시하는 선행지표입니다.

소비자의 눈과 귀를 사로잡는 LMF

어떻게 하면 효과적인 광고를 만들 수 있을까요? 마케터라면 누구나 고민할 내용입니다. 단순히 광고 효율을 이야기하는 것이 아닙니다. 소비자의 마음을 사로잡아 반응하게 만드는 광고, 그들을 단번에 설득할 수 있는 광고를 만드는 공식이 있다면 누구나 활용하고 싶을 겁니다. 당연히 그런 공식은 세상에 존재하지 않지만, 광고 아이디어와 메시지를 찾아가는 방법은 존재합니다.

그로스 마케팅에서는 소비자를 사로잡는 광고 메시지를 찾아가는 방법을 **언어 시장 적합성**Language Market Fit; LMF (이하 LMF) 검증이라고 부릅니다. LMF는 소비자에게 우리 제품 및 서비스의 필요성을 어떻게 전달해야 반응률이 높아질지를 찾아가는 과정입니다. 데이터로 실험과 검증을 거쳐 가장 효과적인 대안을 찾고 광고 효율을 개선해나가는 지속적인 과정이지요. 언어 시장 적합성이라고 부르기는 하지만 단순히 광고 카피만을 의미하는 것이 아니라 광고를 구성하는 요소, 즉 카피와 비주얼 등을 모두 포함한 개념이며, 광고 이외에도 상세페

마케팅을 바꾸는 데이터의 힘

이지와 콘텐츠, 개인화 메시지 등이 모두 LMF의 대상입니다.

어쩌면 전통적인 광고에서 LMF 검증 역할은 광고 아이디어를 도출하고 광고 카피를 작성하던 카피라이터와 아트 디렉터가 해온 것 같습니다. 이들이 타깃 소비자 이해를 바탕으로 제품의 특징을 창의적인 아이디어로, 감각적인 카피와 비주얼로 표현하는 역할을 담당했지요. 하지만 당시 광고가 만들어지던 과정은 크리에이터 개인의 지식과 경험, 직관에 의존했습니다. 물론 전통적인 광고에서도 A/B 테스트 등을 수행해 광고 아이디어를 사전에 검증하기도 했습니다. 하지만 소수의 표본을 통제된 환경에서 조사하기 때문에, 광고 시안에 대한 선호도를 파악할 수는 있어도 적합성을 판단하는 근거로 활용하기는 어려웠습니다.

LMF가 기존의 광고 A/B 테스트와 다른 점은, 실제 광고매체에서 잠재 타깃 소비자를 대상으로 실제 광고를 노출한 뒤 반응을 평가하고 최적의 광고 메시지를 찾아간다는 점입니다. 또한, 광고 시안을 놓고 선호도를 조사하는 수준을 넘어 사전에 정의된 타깃 페르소나를 대상으로 여러 가설을 세우고 이에 따라 여러 디자인, 카피 요소를 조합해서 잠재 소비자가 기대하는 제품의 속성을 가장 잘 전달하는 최적의 광고 메시지를 찾는 과정을 반복합니다.

LMF 검증에서 가장 먼저 해야 할 일은 제품 및 서비스의 VP와 USP를 찾는 것입니다. 사실 VP와 USP는 오래된 광고 전략인 포지셔닝positioning 이론과 차별화 전략에서 비롯된 개념입니다. 단지, 그로

- **VP**Value Proposition
  기업이 제품을 통해 잠재고객에게 제공하는 핵심 혜택과 가치

- **USP**Unique Selling Proposition/Point
  소비자가 제품 및 서비스에서 느끼는 차별적인 특징

[표 5.2] VP와 USP 특징 비교

스 마케팅에서는 데이터로 제품과 서비스의 경쟁력을 검증한다는 점에서 이 개념을 더 발전시켜 활용합니다.

제품과 관련해서 반드시 하나의 VP를 선정해야 하는 것은 아닙니다. 기업이 생각하는 복수의 VP를 두고 실험을 진행해서 검증할 수도 있습니다. VP가 같아도 소비자가 원하는 바가 무엇인가에 따라서 서로 다른 USP가 고객 개개인에게 더 차별화된 편익으로 느껴질 수 있으므로, VP를 전달할 USP는 또다시 여러 가설로 나누어 테스트해 보는 것이 좋습니다.

다음 [그림 5.2]는 아이지에이웍스의 데이터 인사이트 플랫폼인 마케팅 클라우드의 서비스 런칭 캠페인에서 집행한 DA 광고입니다. 우선 모바일 소비자 행동 데이터를 기반으로 '37가지의 무료 앱 데이터 리포트 제공'이란 핵심 편익을 총 네 개의 VP로 나누었습니다. VP별로 다시 네 개씩 서로 다른 USP를 적용하여 관심사별로 분류된 서로 다른 타깃 소비자 집단에게 광고를 집행했습니다.

초기 소비자 반응을 확인한 결과, 마케팅 클라우드에서는 '경쟁사'

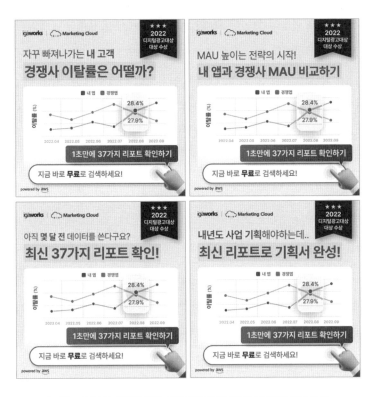

[그림 5.2] LMF 검증을 통한 아이지에이웍스의 VP 및 USP 발굴 사례

와 '최신 리포트'가 두 가지 핵심 VP로 나타났습니다. 소비자들이 가장 많이 반응하고 유입과 전환이 이루어진 USP는 '경쟁사 이탈률'과 '경쟁사 MAU' 그리고 '데이터의 최신성'과 '사업 계획' 네 가지였습니다. 실제로 데이터 인사이트 서비스를 런칭하면서 두 가지 VP와 네 가지 USP를 찾기까지 LMF 검증을 진행한 사례입니다.

LMF가 단순히 웹이나 모바일 DA 광고에서만 진행되는 과정이라 생각할 필요는 없습니다. 측정 환경이 가장 잘 마련된 모바일에서 LMF 검증으로 찾은 VP와 USP를 영상 광고나 TV 광고 등 전통적인 브랜딩 광고에 적용해보는 것도 그로스 마케팅을 확장해서 활용하는 좋은 사례가 될 수 있습니다.

고객의 필요와 마음을 미리 알아주는 CRM

여러분도 평소 이용하는 커머스 사이트에서 평소 관심이 있거나 구매를 고려하던 제품의 할인 정보나 혜택을 알아서 제공해주는 경험을 해보셨을 겁니다. 사람은 본능적으로 내 마음을 알아주고 이해해주는 상대에게 관대합니다. CRM은 이렇게 고객정보를 바탕으로, 고객의 마음을 활짝 열어서 추가 구매를 일으키는 마케팅 기법이라고 할 수 있습니다.

마케터라면 CRM이라는 용어를 모르는 분이 없을 겁니다. 여기에서는 CRM의 원론적인 개념이나 방법론을 이야기하기보다는 그로스 마케팅 관점에서 CRM이 기존의 방법과 어떻게 다른가에 집중해서 설명하도록 하겠습니다.

그로스 마케팅에서의 CRM은 결국 고객 데이터를 기반으로 한 개인화 마케팅이라고 할 수 있습니다. 기존의 CRM도 그렇지 않냐고 반문하실 수 있겠지만, 그로스 마케팅의 CRM에서는 개인화 마케팅에 활용하는 '데이터의 범위와 깊이'가 차원이 다르며, '자동화'에 무게를 둔다고 보시면 이해가 쉬울 겁니다.

먼저, 데이터의 범위와 깊이가 다르다는 말은 어떤 의미일까요? 기존의 CRM에서는 기본적인 인구통계적 데이터가 담긴 회원정보를 활용하거나, RFM Recency, Frequency, Monetary* 관점에서 데이터를 활용하는 것이 대부분이었습니다. 물론 그로스 마케팅에서의 CRM도 기존의 모형을 활용할 수 있지만, 더 다양하고 세분화된 데이터로 고객을 분류하고, 기업이 기대하는 고객경험과 행동을 유도한다는 점에서 이전보다 발전된 형태라고 볼 수 있겠습니다. 그로스 마케팅에서는 데이터 측정 환경과 기술의 고도화 덕분에 고객의 인구통계적 정보뿐만 아니라 고객의 성향에 따른 페르소나, 고객이 플랫폼을 이용하면서 남기는 수많은 행동 데이터, 시청한 콘텐츠 등의 이용성 데이터, 이용하는 PC나 모바일 단말기의 정보나 운영체제 등 기존에는 생각조차 할 수 없었던 데이터를 활용할 수 있습니다.

다른 한편의 큰 차이는 바로 '개인화 마케팅 자동화'입니다. 기존의 CRM에서는 아무리 CRM 솔루션을 활용하더라도, 마케터가 직

---

* RFM은 전통적인 CRM에서 활용하는 대표적 모형으로 얼마나 최근에 구매했는가Recency, 얼마나 자주 구매했는가Frequency, 얼마나 많이 구매했는가Monetary를 기준으로 고객 행동을 분류해서, 중요도 및 수익기여도에 따라 CRM을 세분화하여 전개하는 방식이다.

접 조건에 맞는 대상 고객을 추출해서 이들에게 문자메시지나 이메일을 발송하는 마케팅 액션을 수행했습니다. 기술이 조금 발전한 후에도 문자나 이메일에서 '○○○ 님' 하고 개인의 이름을 부르는 수준의 간단한 코딩을 적용하는 정도였습니다. 하지만 그로스 마케팅의 CRM은 개인화 수준이 비교할 수 없을 만큼 정교해졌습니다.

아래 [그림 5.3]은 가상의 뷰티커머스 회사가 구매 유도 메시지를 개인화하여 CRM을 진행할 때 활용할 수 있는 행동 데이터와 혜택의 예시입니다. 각각의 항목에서 마케팅 목적에 맞는 항목을 선택하고 조합해서 수없이 많은 CRM 캠페인을 자동화할 수 있습니다.

또한 고객 활성화의 아하 모먼트가 발견되었다면 추후 그 조건에 해당하는 고객에게 개인화 메시지가 발송되도록 세팅해둘 수도 있습니다. 마케터가 신경 쓰지 않아도 자동으로 메시지가 발송되고 그 결

[그림 5.3] 가상의 뷰티 브랜드 CRM을 위한 데이터 활용 예시

마케팅을 바꾸는 데이터의 힘

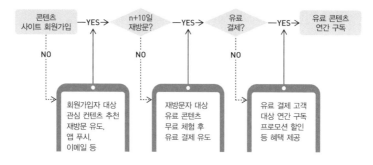

[그림 5.4] 그로스 마케팅에서 CRM을 활용한 마케팅 자동화 예시

과 데이터를 대시보드로 확인할 수 있습니다. 위 [그림 5.4]는 유료 콘텐츠 플랫폼에서 고객 데이터를 활용한 CRM 설계의 예시입니다. 각 단계의 고객 데이터를 활용해 다음 단계로 전환되지 않은 고객에게 개인화된 마케팅 메시지가 전송되도록 세팅해놓으면 마케팅 액션 툴이 지정된 개인화 캠페인을 자동으로 진행합니다. 마케터는 주기적으로 리포팅되는 대시보드를 확인하면서 데이터 분석과 실험, 최적화된 그로스 마케팅 설계를 계속해나가며 더 나은 효율을 만들어나가면 됩니다.

　그로스 마케팅은 전통적인 마케팅과 다르거나 우리에게 익숙한 마케팅 전략과 활동을 대체하는 방식이 아닙니다. 결국 소비자가 브랜드를 경험하고 고객이 되는 모든 과정을 끊임없이 데이터로 분석하고 실행해서 개선하는 과정입니다.

어떻게 전달하느냐에 따라
같은 메시지도 효과가 달라진다

홈 힐링 케어 전문 브랜드인 M사는 신규 고객을 유치하기 위한 활동뿐만 아니라 기존 고객의 재방문 및 재구매를 활성화하는 CRM 활동을 적극적으로 진행합니다.[5]

M사는 기존 고객들의 구매 데이터를 분석하다가 유독 매월 초에 자사몰의 매출이 급격하게 늘어나는 패턴을 확인했습니다. 구매자 데이터와 구매 경로를 파악하다 보니 매월 초에 발급되는 멤버십 쿠폰을 사용하는 재구매자의 비율이 매우 높다는 사실이 포착되었습니다. 실무팀은 멤버십 쿠폰을 리뉴얼해서, 멤버십 쿠폰 사용자의 구매 전환을 극대화하기 위한 A/B 테스트와 개인화 메시지 발송을 기획했습니다.

기존에는 전체 회원에게 매월 초 5% 할인 쿠폰을 발급했는데, 구매자의 평균 객단가를 구간별로 나누어, 할인 비율이 아닌 할인액으로 쿠폰을 발행하면 구매 금액이 큰 고객일수록 할인 혜택을 더 크게 인식할 것이라는 가설을 세웠습니다. 실행을 위해 원래 매달 초 제공하던 '5% 할인' 멤버십 쿠폰을 '이달의 쿠폰'으로 리뉴얼해서 고객의 구매 금액에 맞춘 개인화 쿠폰을 발송했습니다. 고객의 구매액 규모에 따라 메시지에 할인 금액을 1,000원부터 3,000원, 5,000원, 8,000원, 10,000원으로 명시한 것이죠. 결과는 매우 성공적이었습니다.

발송 비용 대비 ROAS는 341.71%에서 996%로 2.91배가 향상되

마케팅을 바꾸는 데이터의 힘

었고, CVR Conversion Rate (전환율)은 2.77%에서 6.97%로 2.51배 향상되는 놀라운 성과가 도출되었습니다. 실무팀은 자사몰 매출이 월초에 집중되는 현상과 그 원인이 매달 초 발행되는 할인 쿠폰 덕분이었다는 사실을 확인하는 데 그치지 않았습니다. 할인 쿠폰의 효과에 대한 가설을 설정하고, CRM을 통해 구매 금액대별로 개인화한 메시지가 일괄된 할인율을 적용한 쿠폰보다 좋은 결과를 만들어낸다는 것까지 입증해낸 것입니다.

CRM의 또 다른 모범 사례로 건강보조식품 브랜드인 A사의 사례를 소개드릴까 합니다.[6] A사는 자사 쇼핑몰의 고객 데이터를 분석한 결과 재방문자의 구매율이 무려 40%에 육박한다는 사실을 알게 되었습니다. 반면, 신규 고객의 경우 유입 이후 첫 구매로 이어지기까지의 기간이 길고, 구매전환율 또한 1% 수준에 머물렀습니다.

이런 데이터 분석 결과를 토대로 A사는 '모르는 사람은 있어도 한 번만 구매한 고객은 없다'라는 가설을 세우고, 유료 광고에서 유입된 신규 고객을 대상으로 초기에 구매전환을 일으키기 위한 CRM 활동을 기획했습니다.

신규 방문 고객을 샘플 신청 페이지로 유도해 무료로 제품 샘플을 배송해주었고, 3일 후(제품을 섭취하고 효과를 느낄 수 있는 시점)에 쿠폰과 함께 구매를 유도하는 이메일과 문자메시지를 발송했습니다. 그리고 고객이 링크를 클릭하면 발송되었던 쿠폰이 활성화되어 자연스럽게 구매까지 이어질 수 있도록 고객경험 과정을 설계했습니다. 고객이 구매를 완료하면 감사 메시지가 담긴 비디오가 자동으로 재생되었고, 추가 혜택을 제공해 리뷰를 유도하는 등 모든 구매 과정을 짜임새 있게 구성한 결과 놀라운 매출 성장을 만들어낼 수 있었습니다.

A사는 신규 고객의 구매를 유도하기 위한 위와 같은 CRM 활동으로 3개월 만에 매출이 무려 2배 성장했으며, 1년 후에는 매출이 약 6배 가까이 뛰는 놀라운 결과를 만들어냈습니다.

M사와 A사, 두 사례 모두 데이터에서 발견한 사실을 토대로 가설을 설정하고 CRM 활동을 전개해서 구매전환율과 매출을 크게 늘렸습니다. 가설 설정과 실행의 과정이 얼마나 큰 결과의 차이를 가져오는지, 실감하셨으리라 생각합니다.

마케팅을 바꾸는 데이터의 힘

시장에서 제품의 성공 가능성을 미리 확인하는 방법

제품이나 서비스에 상관없이 런칭 초기부터 아하 모먼트를 발견하면 좋겠지만, 현실은 그렇지 않을 때가 더 많습니다. 사업 초창기부터 아하 모먼트를 발견하지도 못한 채 시장에서 사라지거나 오랜 성장의 정체기에 빠져드는 제품이나 서비스를 너무도 많이 봅니다. 글로벌 시장 조사 기관인 CB 인사이트CB Insights가 폐업한 스타트업 110개 이상을 조사한 결과에 따르면 패인은 자금 조달 실패나(38%), 실제 시장에 니즈가 존재하지 않았기 때문(35%)이라고 합니다.[7] 투자를 통한 자금 조달 역시 제품과 서비스의 경쟁력에 달려 있으니, 시장과 소비자 니즈에 부합하는지 여부는 비즈니스 초기 생존에 커다란 영향을 주는 요인이 아닐 수 없습니다.

각자 나름의 원인이 있겠지만 분명한 것은, 이런 기업의 비즈니스가 시장과 소비자가 원하던 제품이나 서비스가 아니었거나, 원하던 제품이었다고 하더라도 이미 시장을 선점한 경쟁자들과 차별화된 편익을 제공하지 못했을 가능성이 큽니다. 차별화에 성공했더라도 비즈니스를 유지하고 꾸준

[그림 5.5] PMF의 네 단계

한 성장을 이루어낼 만큼 시장 규모가 크지 않아 유의미한 수익을 창출하지 못했을 수도 있습니다.

기존의 전통적인 마케팅에서도 기획 단계에서 각종 소비자 조사나 샘플 테스트 등으로 사전에 시장성을 점검해왔으나, 제대로 된 검증을 하기엔 유의미한 샘플 수를 확보하기 어려웠고, 실제 사용 환경에서의 조사가 불가하다는 등 많은 제약이 따랐습니다.

이러한 비즈니스 고충을 해결하기 위해서 제품 및 서비스 출시 전 혹은 초기에 실제 고객의 니즈를 파악하고 최적화하는 접근 방법을 그로스 마케팅에서는 제품 시장 적합성Product Market Fit; PMF(이하 PMF) 검증이라고 부릅니다. PMF는 위 [그림 5.5]과 같이 크게 네 단계로 검증합니다.[8]

① 타깃 소비자를 찾아라

우리 제품과 서비스로 가장 이익을 볼 사람은 누구일까? 그들은 누구이고 무엇을 하고 있고 어디에 가치를 둘까? 더 나아가 어떤 문제에 봉착했고 그 문제를 해결하고자 어떤 노력을 기울이고 있는지 등 우리 제품의 소비자를 상세하게 묘사하고, 공통된 문제점을 가진 사람들끼리 세분화합니다.

② 제품의 VP, 즉 가치 제안을 결정하라

치열한 경쟁 환경에서 살아남으려면 우리 제품이 고객에게 제공하는 더욱 차별화된 가치는 무엇인지, 그리고 실질적인 문제 해결 방법을 제시하는지가 확인되어야 합니다. 현재 생각하는 타깃 소비자들의 공통적인 가치를 정의하기 어렵다면, 소비자 집단을 조금 더 세분화하여 집단별로 여러 개의 가치 제안을 실험해보는 것도 좋습니다.

③ MVP, 즉 최소 기능 제품부터 시작하라

아직 시장에 존재하지 않는 가장 핵심적인 기능을 정의하고, 가장 최소한의 기능만을 가진 프로토타입을 만듭니다. 부가적인 기능이나 완성도를 걱정할 필요는 없습니다. 초기 사용자를 대상으로 의견을 청취하고 이를 기반으로 MVP를 만들었다면 실험을 지속적으로 진행하면서 제품을 더욱 정교하게 발전시켜 나가면 됩니다.

일반적인 제품 개발 과정

MVP 방식 제품 개발 과정

[그림 5.6] MVP의 개념 예시[9]

④ 공식적으로 제품을 시장에 출시하라

초기 사용자에게서 얻은 의견, MVP 테스트 과정에서 얻은 데이터를 반영한 완성된 제품을 공식적으로 런칭하는 단계입니다. 물론, 여기서 끝나선 안 되고, 고객의 피드백과 행동 데이터를 분석하며 끊임없이 개선 과정을 거쳐야 합니다.

PMF 검증을 어떻게 진행해야 할지 어렵게 느껴진다면, 위의 단계를 따라 여러분의 제품과 서비스를 평가해보시길 바랍니다. 물론 전문적인 그로스 마케터들이 직접 PMF를 진행하면 이상적이겠지만, 마케터와 서비스 기획자, 디자이너 등 사내에서 협업 가능한 구성원이 가능한 범위 안에서 위의 네 단계를 최대한 단순화해서 실험을 진행해보시길 권해드립니다. 단, 단순히 PMF에 참여하는 구성원의 직관에 의존해선 안 된다는 점을 잊지 말아야 합니다. 철저하게 초기 사용자와 고객들의 피드백과 행동 반응을 수집해서 객관적으로 데이터를 평가하고 의사결정을 내려야 합니다.

페이팔과 인스타그램은 어떻게
소비자 니즈에 맞춰 사업을 확장했을까?

1998년 처음 시작된 페이팔은 원래 온라인 결제 수단이 아닌 개인용 PDA Personal Digital Assistant(개인용 디지털 단말기) 보안 솔루션에서 출발했습니다. 하지만 PDA 시장의 성장이 너무 느린 데다가 소비자의 데이터 보안 니즈가 크지 않아서 PDA로 돈을 주고받는 솔

마케팅을 바꾸는 데이터의 힘

루션으로 서비스를 전환했습니다. 하지만 역시나 PDA 사용자가 제한적이었기 때문에, 이메일로도 송금할 수 있도록 기능을 확장했습니다. 전자상거래 사이트인 이베이^{eBay}에서 소비자들이 페이팔로 상품 대금을 받기 시작하자, 페이팔은 서비스를 이메일 송금이 아닌 전자상거래 결제로 변경하면서 결국 큰 성공을 거두었습니다. 놀라운 것은 페이팔이 최초 PDA 보안 솔루션에서 시작해서 온라인 결제 수단이라는 최종 모습에 도달한 15개월 동안 네 번에 걸쳐 PMF를 찾아 빠르게 서비스를 전환했다는 점입니다.[10] 비즈니스 초기에 MVP 형태의 서비스에 대한 시장 반응을 살피며 빠르게 PMF를 찾아간 덕분에 성공했다고밖에 설명할 수 없을 것 같습니다.

누구나 아는 소셜미디어 서비스 인스타그램은 처음부터 지금의 모습이었을까요? 인스타그램은 원래 위치 기반 소셜미디어 서비스인 버븐^{Burbn}에서 출발했습니다. 처음엔 방문한 장소를 앱에 체크인하고, 그곳에서의 경험과 사진을 공유하는 등 복잡하고 다양한 기능을 제공했습니다. 그러나 앱 사용자 데이터를 분석해보니, 사람들은 서비스의 주요 기능인 체크인보다는 사진 공유 기능을 주로 사용했습니다. 이들은 사용자들이 즐겨 이용하는 기능인 '사진'에 집중했습니다. 이런 PMF 과정을 거쳐서 모바일로 촬영한 사진을 가장 간편하게 공유하는 소셜미디어 인스타그램이 태어났습니다. 이후 사진을 더 멋지게 공유할 수 있도록 다양한 필터 기능을 제공하면서 사용자 만족도를 높였고 댓글, 좋아요, 공유 등 소셜 기능에 집중했습니다. PMF로 다시 태어난 인스타그램은 출시 한 달 만에 100만, 아홉 달 만에 700만 사용자가 활동하는 글로벌 소셜미디어가 되었습니다.[11]

소비자들이 우리 제품을
없으면 아쉽도록 만들어야 한다

이번엔 국내 사례를 하나 소개해드리까 합니다. 지난 2018년, 요양시설의 정보 비대칭 문제를 해결하기 위해 시작된 플랫폼 비즈니스인 케어닥은 요양시설 정보 제공 서비스로 초기부터 빠른 성장을 이룰 듯 보였으나, 서비스 런칭 이후 오래도록 유의미한 매출이 일어나지 않았습니다. 문제를 해결하기 위해서 요양과 관련된 여러 종류의 랜딩 페이지를 만들어놓고 PMF 검증을 수행한 결과 출장 간병인 수요가 매우 높다는 사실을 발견했고, 요양시설 소개 플랫폼에서 실버케어 플랫폼으로 비즈니스를 전환했습니다.[12] 그 결과 성공적으로 투자를 유치했을 뿐만 아니라 2021년에만 매출이 625% 상승하며 지속적인 성장세를 보이고 있습니다.

위 사례들로 PMF가 비즈니스 성장에 얼마나 중요한지 느끼셨을 겁니다. PMF는 아무리 훌륭한 제품이나 서비스라 할지라도 소비자들이 원하고, 가치를 느끼고, 그들의 문제를 해결해주어야만 성공한다는 사실을 명확하게 알려주는 그로스 마케팅 방법론입니다. PMF 과정이 다소 어렵게 느껴지신다면 가장 간단하고 쉽게 PMF를 확인하는 방법을 알려드리겠습니다. 그로스 마케팅의 창시자로 알려진 션 앨리스Sean Ellis가 제시한 아주 간단한 질문입니다.

마케팅을 바꾸는 데이터의 힘

Q : 당신이 OO 제품을 다시는 이용할 수 없게 된다면 어떤 느낌이 드십니까?

1) 매우 실망할 것이다

2) 약간 실망할 것이다

3) 실망스럽지 않다

4) 그냥 사용하지 않겠다

확인하는 방법 또한 간단합니다. 만일 고객의 40% 이상이 '1) 매우 실망할 것이다'라고 대답했다면 여러분은 PMF를 찾은 것입니다. 만일, 1번이라고 응답한 고객이 25~40% 사이에 있다면 고객 니즈에 맞춰 제품 및 서비스를 개선해야 하며, 25% 미만이라면 다른 서비스로 피벗pivot할 것을 권합니다.[13]

제품이나 서비스를 시작한 후에 유의미한 성장을 만들지 못했거나, 수익을 창출하지 못했다면 PMF 검증으로 제품이 소비자와 시장의 니즈에 부합했는지 반드시 검증해보시길 바랍니다.

6장

데이터 관리 플랫폼, 인사이트의 폭을 넓히다

고객 페르소나가 선명할수록
타기팅이 섬세해진다

작은 데이터 조각을 모아
큰 그림 그리기

퍼스트 파티 데이터, 즉 자사 고객 데이터를 잘 모으고 분석해서 활용하고 있다면 적어도 우리 고객이 어떤 사람이고 어떤 성향을 지녔으며, 우리 서비스를 어떻게 이용하고 있는지를 파악할 수 있습니다. 그런데, 마케터라면 당연히 우리 고객이 자사 플랫폼이 아닌 밖에서는 어떤 활동을 하며, 어떤 관심사를 가지고 있을지 궁금증을 가질 수밖에 없습니다.

하지만 퍼스트 파티 데이터만을 가지고는 우리 플랫폼 밖에서의 고객 활동과 특징을 파악할 방법이 없습니다. 그들은 어떤 미디어를 주로 이용하며, 어떤 제품을 구매하는지, 어떤 앱 서비스를 주로 사용하며, 주요 경쟁사를 같이 이용하는지, 또는 해당 카테고리의 서비스를 전혀 이용하지 않는 사람은 누구인지 등을 파악한다면 마케팅 전략과 실행 계획을 수립하는 데 정말 큰 도움이 될 것입니다. 이때 서드 파티 데이터가 필요합니다. 서드 파티 데이터가 있다면 자사 고객 데이터만으로는 보지 못하던 새로운 인사이트들을 파악할 수 있습니다. 퍼스트 파티 데이터가 고객의 일정한 모습만 집중적으로 들여다보는 접사렌즈와 같다면 서드 파티 데이터는 고객의 상황과 그들이 생활하는 주변 환경까지 넓게 바라보는 광각렌즈와 같다고 볼 수 있습니다.

서드 파티 데이터는 대부분 데이터 제공자가 누구인지 알 수 없는 비식별 데이터로 구성된다고 말씀드렸습니다. 개인정보를 담지 않다 보니 상대적으로 수집이나 활용에 제약이 덜한 편입니다. 물론 아무리 비식별 데이터라고 하더라도 데이터 수집의 주체는 약관이나 정보 수집 동의 과정을 거치는데요, 솔직히 저조차도 상세한 내용을 읽지 않고 정보 제공에 동의할 때가 많습니다. 그러다 보니 가끔 나를 너무 잘 아는 듯한 메시지를 받거나 광고를 볼 때 자주 불편함을 느끼는데, 사실 여러분은 과거에 어떤 플랫폼에서든 비식별 데이터 수집에 포괄적 동의를 했을 겁니다.

오늘날 가장 널리 수집되고 활용되는 서드 파티 데이터는 모바일 이용성 데이터입니다. 모바일 이용성 데이터란, 여러분이 모바일 폰에 어떤 앱을 깔았고, 어떤 앱을 주로 사용하며, 어떤 매체를 주로 이용하는지, 언제 어느 지역을 방문했는지 등의 행동 데이터를 말합니다. 내가 허락도 하지 않았는데 어떻게 수집되는지 궁금하실 텐데요. 주로 모바일 운영체제를 제공하는 회사, 즉 구글의 안드로이드나 애플의 iOS를 통해 앱 서비스 운용 사업자들이 허용된 범위 안에서 앱 사용자의 비식별 행동 데이터를 수집해서 관련 파트너들과 공유하는 방식입니다.

모든 모바일 단말기는 기기마다 고유의 식별번호를 가집니다. 이 식별부호를 광고 ID라고 통칭해서 부르는데요. 구글의 안드로이드에서는 ADID Advertisement Identification, 애플의 iOS에서는 IDFA The Identifier for Advertisers 라고 부릅니다. 이 광고 ID는 모바일 앱 환경에서 단말기의 고유성을 나타내는 최소 식별 단위로, 모바일 앱 이용자들의 행동을 단말기 단위로 측정하고 분석할 때 사용됩니다. 광고 ID의 단말기 이용자가 누구인지는 알 수 없지만, 이용자가 남긴 행동 기록이 광고 ID별로 저장됩니다.

그리고 광고 ID를 통해 여러 서비스에서 비식별 상태로 저장된 이용자들의 작은 데이터 조각들을 하나의 거대한 데이터 저장소에 모아서 분석합니다. 이렇게 광범위한 데이터를 수집해 시장과 소비자, 경쟁사의 활동 인사이트를 도출하거나, 원하는 소비자 집단을 찾아 광고 타기팅을 할 수 있도록 지원하는 서비스를 **데이터 관리 플랫폼** Data Management Platform; DMP (이하 DMP)이라고 부릅니다. DMP에 저장되는 비식별 데이터의 종류는 정말 다양한데요, 다음 [그림 6.1]은

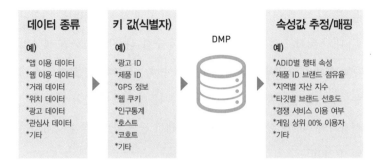

[그림 6.1] DMP 데이터의 종류와 인사이트 도출 과정

DMP에 저장되는 대표적인 데이터의 종류와 인사이트 도출 과정의 예시입니다.

　CDP를 활용하는 목적은 퍼스트 파티 고객 데이터를 더 깊이 있게 분석하고 고객 행동 특성을 파악해서 자사 제품 및 서비스와 고객 경험을 개선하는 것입니다. 궁극적으로는 개인화 마케팅으로 매출을 극대화하는 데까지 나아가야겠지요. 한편 DMP로는 자사 고객이 외부에서 어떠한 활동을 하고 어떤 관심사를 가졌는지, 그리고 어떤 경쟁사 서비스를 이용하는지 등을 파악할 수 있을 뿐만 아니라, 이들과 유사한 특징을 지닌 잠재고객을 찾아낼 수 있습니다. 또한 시장의 전체 트렌드와 주요 경쟁사들의 활동, 경쟁사 이용자들의 특성을 파악하는 등 자사 고객 데이터로는 확인할 수 없는 거시적 인사이트를 제공합니다. 정리하면 다음과 같습니다.

마케팅을 바꾸는 데이터의 힘

CDP (고객 데이터 플랫폼)

- Customer Data Platform
- 퍼스트 파티 고객 데이터를 더 깊이 있게 분석하고 고객 행동 특성 파악
- 고객경험 개선
- 개인화 마케팅으로 매출 극대화

DMP (데이터 관리 플랫폼)

- Data Management Platform
- 자사 고객의 외부 활동, 관심사 파악
- 자사 고객과 유사한 잠재 고객 파악
- 시장 트렌드와 경쟁사 활동, 경쟁사 이용자의 특성 파악(거시적 인사이트)

[표 6.1] CDP와 DMP의 특징 비교

마케팅 전략 수립 전에
시장 경쟁력 분석부터

지금까지 설명해드린 내용을 자세히 살펴보셨다면 DMP의 개념과 기본적인 기능을 충분히 이해하셨으리라 생각합니다. 지금부터 실제 DMP는 어떤 모습이고 어떻게 이용하며, 구체적으로 어떤 인사이트를 주는지를 알아보겠습니다. 대부분의 DMP 서비스는 전문 데이터 플랫폼 회사가 운영하고, B2B Business to Business, 즉 사업자가 다른 사업자에게 판매하는 형태로 제공되기 때문에 실무 현장에서 DMP 서비스를 이용하는 회사의 마케터나 데이터 분석가가 아니라면 직접 경험해보기 어렵습니다. 그

래도 회원가입만 하면 기본적인 데이터를 무료로 열람할 수 있는 서비스도 제공되니 한번 이용해보시길 권해드립니다.*

일부 DMP 제공 회사는 비식별화된 고객 정보를 공유하거나 판매할 뿐, 플랫폼별로 인사이트를 제공해주지는 않습니다. 인구통계적 정보나 관심사, 소비자 페르소나 등 광고주가 원하는 특정 조건에 해당하는 소비자들의 비식별 데이터를 스프레드시트에 담아서 주거나, DB 형태로 전달하지요. 우리가 어떤 솔루션에 로그인하면 볼 수 있던 화면이나 페이지가 따로 없습니다.

그러나 DMP 인사이트 플랫폼에선 DMP 비식별 데이터를 원하는 조건으로 손쉽게 검색하고, 이에 해당하는 결과를 BI Business Intelligence, 즉 데이터를 인사이트로 전환한 형태로 시각화해서 볼 수 있습니다. 국내 DMP 인사이트 플랫폼인 아이지에이웍스의 모바일인덱스 인사이트MobileIndex Insight를 예로 들어보겠습니다. 모바일인덱스 인사이트는 다음 [그림 6.2]와 같이 모바일상의 비식별 소비자 행동 데이터를 인사이트 플랫폼 내에서 간단히 검색해볼 수 있는 서비스입니다. 다양한 데이터 지표와 분석 결과를 도출하고 시각화해서 제공하지요.

----

* 뒤에 소개할 아이지에이웍스의 모바일인덱스 인사이트에는 기본적 앱 사용량 지표를 열람할 수 있도록 사용량 인덱스 에센셜Essential 서비스를 무료로 제공한다. https://www.mobileindex.com/home

마케팅을 바꾸는 데이터의 힘

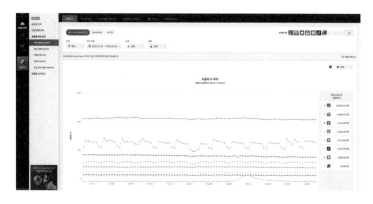

[그림 6.2] DMP 인사이트 플랫폼 모바일인덱스 인사이트

DMP 데이터는 비식별 데이터를 기반으로 하지만 확인할 수 있는 인사이트가 상당히 많습니다. 우선 마케팅 전략을 수립할 때 가장 먼저 하는 일인 시장 분석에 필요한 인사이트를 제공합니다. 특정 업종의 사용자 수 추이를 분석해 시장의 성장세와 업종 주요 고객의 성별·연령대 구성 등을 확인할 수 있지요. 시장에서 우리 브랜드가 취해야 할 마케팅 목표와 전략을 수립하는 근거로 활용되는 겁니다.

특히, 마케팅 전략상 명확한 타깃 소비자가 정해졌다면 해당 타깃의 주요 관심사는 무엇이고 그들의 소비 성향은 어떠한지, 주로 거주하고 활동하는 지역은 어디인지를 확인해서 유통 및 미디어 전략 수립에 유용히 쓸 수 있습니다. 예를 들어 타깃 소비자가 '2030 직장인 여성'이라고 한다면, 이전에는 해당 타깃 소비자가 주로 이용하는 매체를 선정해서 광고를 집행했습니다. DMP의 경우 DMP 데이터에서 타깃

[그림 6.3] 모바일인덱스의 타깃 소비자 페르소나 분류 예시

소비자를 선별해 그들이 실제로 이용하는 매체와 행동 데이터, 주요 관심사와 특성을 분석합니다. 보다 선명하게 그들의 페르소나를 찾을 수 있으니 더욱 정확하고 효과적인 마케팅 전략 수립이 가능해지지요. 위의 [그림 6.3]은 DMP에서 관심사별로 사전에 세분화한 소비자 페르소나의 예시입니다.

DMP 데이터를 활용하면 마케팅 목표 수립과 결과 평가 과정에서도 단순히 인지도나 최초상기도Top of Mind*, 선호도 증가와 같이 추상적인 태도 지표가 아니라 데이터에 근거한 정량적 목표를 수립할 수 있습니다. 마케팅 활동이 실행된 이후 실질적인 사용자 수 증가 추

---

* 최초상기도란 소비자가 특정 카테고리의 여러 경쟁 브랜드 가운데 가장 먼저 떠올리는 브랜드를 말한다. 다양한 브랜드 연구 결과에 따르면, 소비자가 브랜드를 먼저 떠올릴수록 해당 브랜드의 구매 의도와 상대적 구매 비율이 높다고 한다.

마케팅을 바꾸는 데이터의 힘

이, 실제 목표 타깃의 유입 여부 등을 분석함으로써 마케팅 활동의 결과가 얼마나 유의미한 효과를 만들어냈는지를 명확하게 측정하고 평가할 수 있습니다.

그런데, 마케팅 전략을 수립할 때 항상 벽에 부딪히는 부분이 경쟁사 관련 정보를 얻는 일입니다. 지금까지는 여기저기 가능한 인적 네트워크를 총동원해서 정보를 얻는 방법 외에는 경쟁사와 관련된 신뢰도 있는 정보를 파악하기가 매우 어려웠습니다. 하지만 DMP 데이터를 이용하면 경쟁사 주요 지표와 함께 경쟁사 고객의 행동 데이터까지도 훤히 들여다볼 수 있으므로 마케팅 전략 수립에 도움이 되는 유용한 인사이트를 얻는 일이 가능해졌습니다.

고객 인사이트와 관련해서는 특정 서비스의 주요 고객은 어떤 특성이 있는지, 이탈하는 고객은 어떤 사람이며 어느 경쟁 서비스로 이동했는지 등의 다양한 고객 인사이트를 확인할 수 있습니다. 더 나아가 고객의 인구통계적 구성과 서비스 사용 시간, 사용률은 어떻게 다르고 경쟁사 서비스 대비 자사 서비스에 얼마나 많은 시간을 사용하며 월평균 사용 일수는 어느 정도인지 등을 한눈에 비교해서 고객 충성도와 서비스 고착도를 확인할 수도 있습니다. 또한 경쟁사에서 유입된 고객은 누구이며, 경쟁사로 이탈한 고객은 누구인지를 비롯해, 경쟁사를 포함해 서비스별로 평균적으로 얼마나 오랜 기간 서비스를 이용하는지와 같은 서비스 사용 주기life cycle도 확인 가능합니다.

나도 모르는 내 마음,
DMP는 알고 있다

DMP 데이터를 활용해 타깃 소비자의 특성과 미디어 이용 행태, 페르소나 등을 파악할 수 있다고 하는데 도대체 어떤 인사이트를 제공한다는 것인지 궁금하실 겁니다. 기존에는 웹 기반으로 데이터를 제공하는 DMP도 있었지만, 이미 설명해드린 바와 같이 웹 쿠키 데이터에 제약 요건이 많아지는 데다가 파악할 수 있는 정보에도 제한이 있어서, 그 대안으로 모바일 광고 ID로 수집한 비식별 데이터가 주로 제공됩니다.

이처럼 요즘 서드 파티 DMP 데이터의 대부분은 모바일 광고 ID로 수집된 특정 단말기 이용자의 비식별 행동 데이터입니다. 이런 데이터는 DMP 플랫폼 사업자들이 특정 단말기 정보를 직접 추적해서 저장하는 것이 아니라 단말기 이용자가 사용하는 여러 앱, 플랫폼, 미디어 등에서 비식별 상태로 저장된 작은 단위의 다양한 데이터가 다양한 출처에서 수집되는 겁니다. 데이터가 수집되면 AI가 광고 ID를 기준으로 조합하고 학습해서 모바일 단말기 이용자의 행동 특성을 추정합니다. 모바일 단말기는 수천만 대에 달하는데, 수많은 출처에서 공급되는 데이터를 취합해서 단말기 사용자를 추적해 광고 ID의 소유자를 특정하거나 개인정보와 연결할 가능성은 없다고 보시면 됩니다.

하지만 AI가 광고 ID 모바일 소유자의 특성을 추정한 결과물이 정말이지 구체적이어서 마치 그 사람의 개인정보까지 연결된 것은

마케팅을 바꾸는 데이터의 힘

아닌지 의심할 정도입니다. 이처럼 정확한 추정이 가능한 이유는 AI 가 오랫동안 광고 ID에서 모은 작은 단위의 데이터를 꾸준하게 학습하기 때문입니다. 시간이 지날수록 행동 특성을 자세하게 묘사할 수 있게 되지요. 실제로 모바일인덱스 인사이트의 AI가 추정한 소비자 특성 정보가 무려 93.8%의 정확도를 보였다고 하니, 이름과 개인정보만 모를 뿐이지 타깃 소비자의 특성을 파악하는 데는 부족함이 없을 수준에 이르렀다고 할 수 있겠습니다.

DMP에 저장된 대부분의 비식별 데이터는 웹 쿠키를 통해 확보된 데이터이거나 광고 ID 기반의 소비자 행동 데이터입니다. 웹 쿠키는 소멸이 이미 예고된 상태이며, 광고 ID도 개인정보 보호 이슈로 점차 사용에 제한이 생기고 있습니다. 앞으로 모바일 광고 ID와 관련된 변화는 DMP 비즈니스의 방향성과 존속 여부에 커다란 영향을 줄 것입니다. 이러한 움직임 때문에 광고 ID 기반의 광고 타기팅, 측정 솔루션, DMP 서비스 등이 비즈니스에 부정적 영향을 줄 것이라는 의견도 있습니다. 애플의 iOS도 SKAdNetwork를 내세우면서 개인정보 보호를 더 강화한다는 방침을 내놓았고, 구글 역시 코호트 중심의 플록FLoC에 이어, 토픽스 API Topics API를 소개하며 프라이버시 샌드박스Privacy Sandbox를 강화하는 추세입니다.

하지만 모바일 단말기의 고유 식별코드가 IMEI International Mobile Equipment Identity에서 광고 ID로 변화되어 온 것처럼, 단말기를 식별하는 새로운 방법이 계속 등장할 것이므로, 관련 기술 변화와 트렌드를 예의 주시하고 대응한다면 충분히 대안을 개발할 수 있을 겁니다.

관련 업계 전문가들 역시 이 상황을 면밀히 지켜보면서, 다양한 정책과 기술적 대응책을 마련하기 위해 연구하고 있습니다. 한 가지 유력한 움직임은, 지금까지와 같이 모바일 OS에 의존하지 않고 퍼스트 파티 고객 데이터를 확보한 기업들이 서로 연대해서 민간 데이터 댐을 구축하는 방식입니다. 공통의 유저 ID^{Unique User ID} 등을 활용해 비식별화된 고객들의 모바일 행동 데이터를 공유하는 형식입니다. 이를 위해서는 퍼스트 파티 데이터를 잘 모으고 활용하면서, 고객들에게 정보의 수준별로 어디까지 활용해도 좋은지 데이터 사용 동의를 얻는 일이 매우 중요합니다. 그래서 앞으로는 퍼스트 파티 데이터와 서드 파티 데이터를 더욱 철저한 개인정보 보호 아래 잘 연계해서 활용할 기술과 역량이 매우 중요해질 것으로 보입니다.

마케팅을 바꾸는 데이터의 힘

소비자, 경쟁사, 시장을
한눈에 거시적으로 파악하다

CDP가 DMP를 만났을 때의
시너지 효과

고객 데이터를 분석해서 마케팅에 활용할 때에는 일반적으로 CDP에서 분석한 고객 정보를 기반으로 DMP에서 유사한 특징을 가진 고객을 찾습니다. 이후 광고매체에 해당 오디언스 데이터를 온보딩해서 타깃 광고를 집행합니다. 물론 DMP 데이터가 없어도 매체에서 제공하는 타기팅 광고 상품을 이용하면 되겠지만, 이 경우 매체 광고를 클릭해서 들어온 신규 회원의 구매 퍼널을 고객별로 분석하는 일이 거의 불가능합니다. 또한 광고로 유입되었다가 다른 흔적을 남기지 않고 바로 이탈하는 고객은 도대체 어떤 사람인지 알 길이 없습니다.

구글, 페이스북 등 주요 미디어 플랫폼에서도 소비자 관심사 데이터를 기반으로 타기팅 옵션을 선택할 수 있지만, DMP 오디언스 데이터와 같이 상세하게 타기팅 조건을 설계하기가 불가능합니다. 한편 DMP에서 자사 충성고객과 비슷한 특성의 오디언스를 찾아서 CDP에서 얻은 인사이트를 더한 데이터를 주요 매체 광고에 온보딩하면 보다 정교한 타기팅이 가능합니다.

또한 CDP에서 확보한 퍼스트 파티 데이터와 DMP의 비식별 서드 파티 데이터를 함께 활용하면 목적에 부합하는 새로운 타깃 오디언스를 찾을 수 있습니다. 광고로 유입된 소비자의 고객 퍼널과 구매 전환까지 이르는 모든 과정을 상세하게 측정해서 데이터로 분석할 수도 있지요. 이처럼 기업이 퍼스트 파티 데이터를 확장해서 활용하려면 CDP 도입을 추진할 때 DMP 데이터와 연동을 지원하는지 반드시 확인해야 합니다.

여러분이 음악 앱 서비스를 운영하고 있다고 가정해볼까요? 퍼스트 파티 데이터를 분석해보니 서비스 유지율이 높고 음악 청취 시간이 긴 소비자는 주로 점심시간에 음악을 듣는다는 공통된 사실이 발견되었습니다. 그리고 서비스 상위 이용자는 주로 강남에 거주하는, 30대 직장인 기혼 여성이었습니다. 이들은 앱의 상위 이용자이기 때문에 공통된 특징을 보이는 소비자를 새로 발굴해서 고객으로 유입한다면 비즈니스는 지속적인 성장을 이룰 것이 분명해 보입니다. 그렇다면, 광고매체에서 '강남에 거주하는 30대 직장인 기혼 여성 중

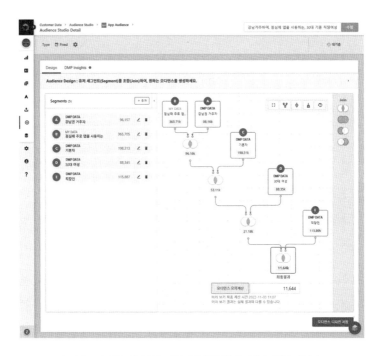

[그림 6.4] CDP와 DMP 데이터를 활용한 오디언스 생성 페이지

주로 점심시간에 음악 앱을 이용하는 고객'을 명확하게 구분해서 타기팅 광고를 집행할 방법은 없을까요? 네, 가능합니다.

위의 [그림 6.4]는 CDP 디파이너리의 분석 화면으로, 자사 고객 데이터와 DMP 서드 파티 데이터를 연계해 광고의 타깃 세그먼트를 생성하는 과정을 보여줍니다. 자사 데이터에서 점심시간에 주로 음악 앱을 실행하는 사람을 하나의 세그먼트로 묶고, DMP 데이터에서 강남권 거주자, 기혼자, 30대 여성, 직장인 등의 조건에 부합하는 소비자를 하나씩 교집합으로 분류해나가다 보면 위의 조건에 모두 부합하는 새로운 오디언스를 하나의 세그먼트로 묶을 수 있습니다.

이렇게 찾은 오디언스 데이터를 타기팅 조건으로 온보딩한 후 광고를 집행하면 누가 광고에 반응했고, 누가 랜딩 페이지에 방문했는지를 정확하게 파악할 수 있습니다. 물론 이때까지는 광고 ID 기준의 비식별 데이터이기 때문에 타기팅 조건에 부합하는 소비자임은 분명하나 개인을 특정할 수는 없습니다. 하지만 소비자가 회원가입을 하거나 개인정보 제공에 동의하는 순간 해당 소비자는 식별 고객이 됩니다. 고객이 플랫폼에 남기는 모든 행동 데이터와 개인정보, 페르소나를 분석에 활용할 수 있습니다. 지금까지는 광고를 통해 유입되는 신규 고객의 유입 경로를 측정하되, 고객 개인 단위의 퍼널 분석은 거의 불가능했다면, CDP의 측정 및 분석 기능과 DMP 비식별 데이터를 활용하면 얼마든지 가능해집니다.

다음 [그림 6.5]는 CDP 디파이너리의 퍼널별 전환율 분석 화면입니다. 퍼스트 파티 데이터와 DMP 서드 파티 데이터로 타기팅한 고객이 유입 후 서비스 퍼널에서 어떻게 단계별로 전환되는지를 측정한 결과입니다. 광고를 집행할 때 타깃 세그먼트로 지정한 집단별로 앱 설치, 로그인, 실제 서비스 이용, 구매까지의 전환율 등의 차이를 분석하는 것입니다. 위의 타깃 세그먼트는 예시일 뿐, 데이터 분석에서 발견한 상위 이용자 또는 충성고객을 인구통계적·행동적 특성, 관심사와 페르소나를 기준으로 나눈 뒤 세그먼트별 광고 및 퍼널 전

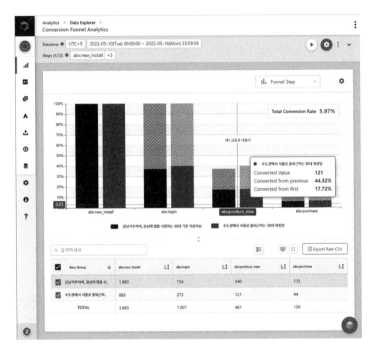

[그림 6.5] CDP 디파이너리의 퍼널별 전환 분석

환 효과를 비교 분석해볼 수도 있습니다. 이러한 분석 과정은 앞으로 어떤 고객에게 어떤 광고를 노출할지, 그리고 그들이 서비스 내에서 어떤 행동을 하도록 유도해야 이탈률이 낮아지고, 퍼널별 전환율이 높아질지 중요한 인사이트를 제공합니다.

여기서 한 가지 주의해야 할 점은 아무리 서드 파티 데이터라 하더라도 퍼스트 파티 데이터와 결합해서 개인을 특정할 수 있게 되는 순간 퍼스트 파티 데이터로 인정되며, 이에 준하는 법 규정이 적용된다는 점입니다. 따라서 이 두 가지 데이터를 연결해서 활용할 때 마케터는 매우 엄격하고 보수적인 개인정보 보호 기준에 따라 조심스럽게 접근해야 합니다.

서드 파티 데이터는 구체적으로 무엇을 보여주는가?

비식별 정보인 서드 파티 데이터는 개인이 식별 가능한 퍼스트 파티 데이터보다 활용 범위가 넓습니다. DMP 데이터는 현재로서는 시장·소비자·경쟁사 인사이트를 발굴하고 이를 마케팅 전략에 반영하거나, 신규 고객 확보를 위한 광고 캠페인의 타깃 오디언스를 파악하는 수준으로 활용됩니다. 그러나, 서드 파티 데이터의 종류와 양은 점점 더 커지고 있으며 활용과 분석 가능한 범위 또한 더욱 확장되고 있습니다.

DMP 데이터는 개인을 식별하지는 못하지만, 매우 높은 수준의 추정 정확도를 보여준다고 말씀드렸는데요. 서드 파티 데이터로 어떤 수준의 데이터까지 분석 가능한지를 체험할 수 있는 플랫폼을 하나 소개해드리겠습니다. 이 플랫폼은 DMP 데이터를 활용해서 앱서비스 이용자에 관한 무려 37가지의 데이터 분석 리포트를 제공하는데요. [그림 6.6]의 마케팅 클라우드입니다.[1]

단순히 앱 이름을 검색하기만 하면 DMP에서 추출한 데이터로 해

[그림 6.6] 아이지에이웍스의 앱 데이터 무료 분석 플랫폼 마케팅 클라우드

당 앱 이용 고객의 프로파일 정보와 사용량, 경쟁사 이용 현황, 유입 경로와 이탈률, 앞으로 예상되는 이탈률까지 AI가 예측한 결과 리포트를 제공합니다. 또한 이탈이 예상되는 고객의 이탈을 사전에 방지할 대안으로, 해당 앱을 설치하고도 사용하지 않는 고객 혹은 잘 이용하지 않는 오디언스를 파악해서 그들이 주로 이용하는 매체를 추천해줍니다. 해당 오디언스를 대상으로 추천 매체에 광고를 집행했을 경우 어느 정도의 효율이 나올지까지 비교적 정확한 예상 효과 지표를 확인할 수도 있습니다. 더 나아가 동종 카테고리 경쟁사들이 집행한 광고 중 가장 광고 효율이 높은 소재는 어느 경쟁사의 어떤 광고 소재였는지, 노출 대비 클릭률이 가장 높은 광고 소재는 무엇이었

는지까지도 보여줍니다. 이 정도만 하더라도 서드 파티 DMP 데이터가 제공하는 인사이트의 수준이 얼마나 대단한지 가늠해볼 수 있습니다.

그런데 이제는 여기에 비식별 '모바일 커머스' 데이터까지 포함되어 [그림 6.7]과 같이 상위 50위까지 브랜드별 매출 순위를 확인할 수 있습니다. 예를 들어, 전자기기의 경우 '노트북/컴퓨터 > 노트북 > 13/14/15인치'로 세 단계 하위 카테고리 순위까지 확인이 가능합니다. 또한 해당 브랜드의 시장 점유율과 주요 타깃, 구매 퍼널 및 구매자 프로파일 정보도 제공됩니다.

이처럼 서드 파티 데이터는 소비자 개인을 특정할 수 없는 비식

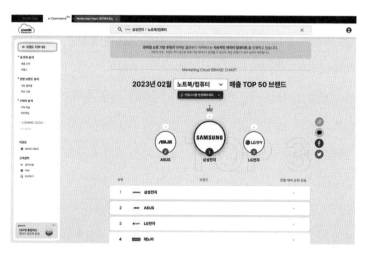

[그림 6.7] 마케팅 클라우드의 모바일 이커머스 데이터 분석 리포트

마케팅을 바꾸는 데이터의 힘

별 데이터임에도 시장·경쟁사·소비자 활동을 이해하는 데 많은 도움을 줍니다. 여기에 커머스 데이터와 같이 새로운 영역의 비식별 데이터가 추가된다면 인사이트의 범위와 깊이는 더 커집니다.

데이터로 증명하는
TV 광고의 구매전환 효과

이처럼 DMP는 소비자 추정 데이터에 커머스 데이터까지 더해지면서 모바일 쇼핑 시장의 브랜드별 순위와 구매자 특성까지 파악할 수 있는 수준으로 고도화되었습니다. 현재는 DMP 데이터로 모바일 광고에 따른 구매전환 효과까지 측정할 수 있으며, 더 나아가 전통적인 매체의 광고 효과와 구매전환 효과까지도 분석하는 단계에 이르렀습니다.

국내 DMP 기반 모바일 지표 서비스인 모바일인덱스 인사이트에서는 골프 시장 데이터를 바탕으로 TV 광고의 구매전환 효과에 대한 분석 리포트를 공개한 바 있습니다. 골프 이용자들의 페르소나와 TV 광고 집행 전략에 따라 광고가 구매전환에 얼마나 효과가 있었는지를 추적 분석한 것입니다. 이 리포트에 따르면 TV 광고 시청 후 구매전환율은 골프 채널에서 광고를 집중 노출한 미디어 믹스 전략에서 훨씬 높았으며, 같은 광고를 보더라도 타깃 소비자에게는 그 효과가 무려 다섯 배에 달했습니다. [그림 6.8]은 분석 리포트의 해당

TV 광고 시청 후 제품 구매율 골프 채널에서 월등

광고 노출 후 구매전환율 비교

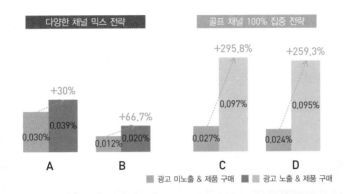

같은 광고를 보더라도 핵심 타깃에게는 그 효과가 최대 5배

광고 시청 골퍼 구매전환율 비교

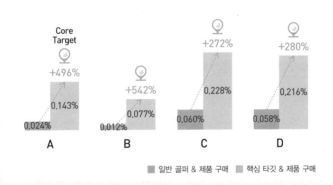

[그림 6.8] 골프 브랜드 TV 광고의 미디어 믹스 및 구매전환 효과 분석[2]

마케팅을 바꾸는 데이터의 힘

장표입니다.

어떻게 이런 분석이 가능할까요? 이런 분석은 기존의 DMP 데이터만으로는 불가능하지만 TV 시청 데이터와 연결하면 얼마든지 가능해집니다. 위의 경우는 IPTV 사업자와 전략적 제휴를 맺어 모바일 광고 ID를 비식별 형태의 TV 시청 데이터와 페어링하고, 이를 DMP 상의 모바일 커머스 데이터에서 구매전환까지 추적 분석한 것입니다. 물론 이 모든 과정은 광고 ID라는 하나의 식별자로 광고 노출부터 모바일 구매까지 모든 과정을 연결해서 분석할 수 있었기에 가능했습니다.

이렇게 DMP 데이터와 TV 시청 데이터를 연계한 분석은 지난 30년 이상 낙후된 방식으로 유지되어 온 TV 시청률 조사 방식*을 빠르게 대체할 것으로 보입니다. 최근 출범한 ZTL Zero the Line**은 전국 가구에

---

* 현재 지상파 TV의 시청률 조사는 피플미터People Meter 방식이 30년 넘게 그대로 사용되고 있다. 이 방식은 전국의 약 4,000 샘플 가구의 TV에 퍼플미터 단말기를 연결하고 TV 시청 시 리모컨으로 가족 구성원 각각에게 부여된 고유번호를 입력해 1분 단위로 시청률을 조사하는 방식이다. 하지만 TV 채널 수는 크게 늘었음에도 조사 샘플 가구 수가 지나치게 적은 탓에 시청률이 0%로 조사되는 채널이 많아졌고, 프로그램 시청률이 아닌 정확한 광고 시청률을 판단할 수 없는 등 정교한 성과 측정이 불가하다.

** ZTL은 국내 최대 규모의 통신사이자 IPTV 서비스 제공사인 KT와 빅데이터 플랫폼 기업 아이지에이웍스가 제휴하여 런칭한 서비스로 모바일 페르소나 데이터와 TV 시청 데이터를 결합한 하이퍼 DMP 기반의 종합 미디어 솔루션이다. ZTL로는 그동안 이원화되어 있던 방송 광고와 디지털 광고를 공통된 기준으로 측정하고 분석할 수 있으므로 통합적인 브랜드 전략 수행과 미디어 믹스 최적화, 통합 성과 관리가 가능하다.

설치된 1000만 대의 TV 셋톱박스를 통해 260여 개 방송 채널에 대한 전국 TV 시청자의 실제 시청 이력을 4300만 DMP 오디언스 데이터와 연결해 분석합니다. 이제 방송 광고 시청자의 디지털 활동(구매전환 등)을 분석하고 빅데이터를 기반으로 미디어 플래닝과 정교한 타기팅 광고를 집행하는 일이 가능해졌습니다.

지금까지 살펴본 것만으로도 서드 파티 데이터의 활용도가 과거에 비해 엄청나게 발전했음을 알 수 있습니다. 하지만 여러분도 잘 알다시피 기술 발전의 속도는 점점 빨라지므로 앞으로 데이터 활용이 얼마나 더 고도화되고 확장될 수 있을지 기대가 됩니다. 커머스 데이터만 하더라도, 모바일뿐만 아니라 웹에서의 구매 데이터까지 확장되고, 소비자 동의 아래 신용카드 사용 정보라든지, 택배 송장에 기록된 구매 물품의 비식별 정보까지 활용할 수 있을 것입니다. 이렇게 되면 소비자들의 구매 품목, 주기, 금액, 채널 등을 파악해서 누구인지는 알 수 없어도 특정 식별자 기준으로 누가, 언제, 무엇을, 어디서, 얼마나 구매하는가를 알 수 있겠지요.

서드 파티 데이터의 활용 측면에서도, 지금까지는 주로 타깃 오디언스를 찾아서 타기팅 광고를 집행하는 일에 집중해왔다면, 이제는 제품 기획 단계에서부터 소비자 트렌드와 니즈를 찾고, 경쟁사와 비교해서 가장 최적의 제품을 만드는 일에까지 폭넓게 활용할 수 있을 것입니다. 또한 지금까지와 같이 데이터를 후행지표로 마케팅 활동의 결과를 확인하는 데에만 활용하는 것이 아니라, 선행적 지표로서 마케팅 전략과 실행 계획을 수립하는 일에 더욱 활발하게 활용할 것이라 기대해봅니다.

광고 노출을 넘어 광고 효율을 생각하기까지

본격적으로 퍼포먼스 마케팅의 효율 개념과 허점을 이야기하기 이전에, 지금까지 광고 효율을 어떻게 측정해왔는지, 퍼포먼스 마케팅은 어떻게 탄생했는지 짚고 넘어가보려고 합니다. 마케터나 광고인이라면 퍼포먼스 마케팅을 모르는 사람은 없을 겁니다. 그만큼 오늘날 퍼포먼스 마케팅은 모든 마케팅 활동에 기본적으로 포함되는 영역입니다. 그렇다면 퍼포먼스 마케팅과 퍼포먼스 광고는 어떻게 다르냐는 질문을 하실 수도 있는데, 사실 거의 같은 개념으로 사용됩니다. 다만, 퍼포먼스 광고가 광고 효율을 최적화하는 데 집중한다면 퍼포먼스 마케팅은 광고 효율뿐만 아니라 구매전환에 이르기까지의 모든 과정을 최적화한다는 차이가 있습니다. 그러나 사실상 일반적으로 알려진 퍼포먼스 마케팅은 DA 광고의 효율 최적화를 주된 목표로 합니다.

퍼포먼스 마케팅에 대한 정의는 다양하지만 나름의 정의를 내려보자면, 광고 성과에 대한 명확한 목표 아래 광고 효율을 객관적으로 측정하고 지속적으로 개선해나가는 일련의 활동을 의미합니다. 퍼포먼스 마케팅이 언제부터 시작되었는지는 정확하게 알 수 없지만, 지금의 DA를 인터넷 광고 또는 온라인 광고라고 부르던 2000년대 초중반으로 거슬러 올라가야 하지 않을까 싶습니다. 그때는 퍼포먼스 마케팅이라고 부르지 않았지만, 광고 구좌 구매나 노출량Cost Per Mille; CPM* 단위로 광고 비용의 효율성을 판단하던 방식에서 클릭 등 광고에 대한 반응 지표에 주목하는 방식으로 넘어가면서 퍼포먼스 마케팅이 시작되었다고 생각합니다. 2000년대 중반 이후 단순히 노출량만을 보장하는 방식이 아니라 클릭률을 보장하는 CPCCost Per Click 또는 CPACost Per Action 형태의 과금제가 적용된 성과보상형 광고를 퍼포먼스 광고의 시초라고 보시면 될 것 같습니다.

개인적으로는 2000년대 초반 온라인 광고대행사에서 창업 멤버로 일하던 시절이 있었는데요. 일본의 온라인 광고회사인 사이버 에이전트Cyber Agent와 조인트벤처 형태로 사이버 에이전트 코리아를 설립해서 운영했습니다. 당시 사이버 에이전트의 핵심 모델이 바로 클릭당 요금을 부과하는 성과보상형 광고 상품이었는데, 아쉽게도 국내에서는 아직 시장이 형성되지 않아 비즈니스는 이렇다 할 성과를 내지 못했었습니다. 그로부터 몇 년 후, 과열되었던 인터넷 버블이 꺼지고 온라인 광고의 효과에 비판적 논의가 늘어나면서 비로소 CPC나 CPA 과금 형태가 보편화되고 퍼포먼스 마케팅/광고가 급

---

* 아주 기본적 개념이지만 혹시라도 모를 분을 위해 설명하자면, 광고가 1,000번 노출되는 데 드는 비용을 말하는 개념이다. Mille이 라틴어로 1,000을 뜻한다.

격한 성장을 이루었습니다. 온라인 광고의 효과에 대한 마케팅/광고 업계의 의구심에도 불구하고 TV를 비롯한 전통 매체는 소비자 반응조차 정확하게 측정할 방법이 없었기 때문에, 클릭이나 특정한 행동을 이끌어냈을 경우에만 광고비를 지급하는 성과보상형 모델은 상당한 인기를 끌었습니다.

이후 모바일 중심으로 시장이 재편되고 각종 모바일 게임이 인기를 끌면서 CPC 광고와 함께 앱 인스톨에 따라 과금하는 CPICost Per Install 광고 시장이 급격하게 성장했고 퍼포먼스 마케팅이 광고 시장의 주류가 되었습니다. 이러한 광고주 수요에 발맞추어 매체의 다양한 광고 지면을 묶은 애드 네트워크Ad Network와 광고주가 요구하는 특정한 미션을 수행하면 소비자에게 보상을 지급하는 리워드 광고Reward Ads, 그리고 리워드 광고를 모아서 보여주는 오퍼월Offer Wall 광고가 급격한 성장을 이루었습니다. 정리하자면 옆의 그림과 같습니다.

CPM	**Cost Per Mille** 광고 1,000회 노출당 비용을 책정. 즉 광고 노출 수에 따라 비용을 지불하는 방식
CPC CPA	**Cost Per Click/ Action** 소비자가 광고를 클릭해 사이트로 이동했을 때 비용을 지불하는 방식. 여기서 광고주가 원하는 행동을 취했을 때 비용을 지불하는 방식을 CPA라고 한다.
CPI	**Cost Per Install** CPA 방식에서 앱까지 설치한 소비자 수에 따라 비용을 지불하는 방식
애드 네트워크	광고주와 광고매체를 연결하는 중간 매개체 역할 담당. 분산된 여러 매체를 통합 관리하면서 광고주 대신 광고 지면 구매
리워드 광고	앱을 설치하거나 상품을 구매하면 포인트를 적립받는 등 사용자에게 보상이 주어지는 광고. 혹은 동영상을 시청하는 대가로 보상을 제공하는 경우도 포함된다.
오퍼월 광고	앱 내에서 여러 광고를 제공하고 사용자가 그중 하나를 직접 선택해 특정 행동을 완료하면 대가로 특정 보상을 제공하는 방식

[그림 6.9] 디지털 광고의 다양한 형태

\ 7장 \

퍼포먼스 마케팅의
혁신을 꿈꾸며

퍼포먼스 마케팅은 과연
퍼포먼스를 내고 있을까?

광고 효율이 중요한가,
고객경험이 중요한가?

'퍼포먼스 마케팅은 퍼포먼스를 내고 있을까?'라는 다소 도발적인 질문이 퍼포먼스 마케팅 업무를 하고 계신 마케터분들에게는 불편하게 들릴 수도 있습니다. 하지만 진정한 마케터라면 단순히 클릭을 유도해서 광고 소재의 효율을 높이는 것만이 디지털 광고의 마케팅 퍼포먼스라고 단정하지 않을 것입니다. 마케팅에는 분명 전략적인 목적objective과 목표goal가 있고, 퍼포먼스 마케팅에서 강조하는 광고의 효율은 그중 일부인 성과 지표에 불과합니다. 그리고 퍼포먼스 마케팅의 광고 효율은 제품, 타깃 소비자, 매체, 광고 소재에 따라 달라질 수밖에 없습니다. 단순히 어

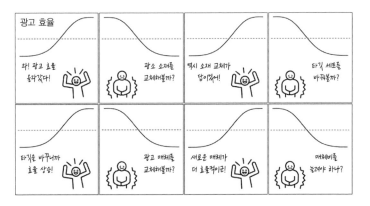

[그림 7.1] 매일 달라지는 지표 숫자에 매몰된 퍼포먼스 마테커의 현실[1]

제의 효율보다 더 나은 효율을 내는 데 몰입하기보다는 마케팅의 근본적인 목적과 목표 아래 넓은 시야를 가져야 합니다. 하지만 위 그림처럼 퍼포먼스 마케팅은 매일같이 널뛰는 광고 효율 등 숫자에 매몰되는 경우가 많습니다.

퍼포먼스 마케팅의 광고 효율 최적화 과정을 간략하게 정리해보자면 다음과 같습니다. 먼저, 광고 대상 타깃을 선정하고 목적에 따라 적합한 광고 형태를 선정한 뒤 목표 효율, 즉 KPI를 정합니다. 타깃 오디언스 그룹을 선정했다면 적합한 매체와 광고 지면을 플래닝한 뒤 여러 광고 소재를 테스트해 가며 최적의 소재를 선정합니다. 이후 선정된 소재를 중심으로 광고를 집행하면서 광고 효율과 KPI 달성 여부를 지속적으로 모니터링하고, 이를 바탕으로 최적화를 진행합니다. 이렇게 효율 측정과 개선의 과정을 반복하다 보면 대부분

마케팅을 바꾸는 데이터의 힘

광고 효율 자체는 눈에 띄게 개선됩니다.

최근에는 대부분의 매체에서 AI 기반의 광고 효과 최적화 알고리즘을 제공합니다. 노출 최적화나 전환 최적화 등 목표를 선택하면 알고리즘이 알아서 KPI를 달성해줍니다. 이런 최적화 옵션을 사용하면 목표 효율을 달성하는 일은 그렇게 어렵지 않습니다.

그러나 문제는 KPI에 도달하고 어느 정도의 시간이 흐르고 나면, 광고 효율이 좀처럼 개선되지 않는 한계에 부딪힌다는 겁니다. 광고 효율이 더는 좋아지지 않고, 여러 방법을 동원해도 뾰족한 해결책을 찾아내지 못하면서 담당자들은 미궁 속으로 빠져듭니다. 답이 없다고 마냥 손 놓고 있을 수는 없기에 소재를 교체하거나 신규 매체를 발굴하고, 오디언스 타기팅 조건을 바꾸어가며 광고를 지속해서 노출시킵니다. 하지만 광고 효율이 어느 정도 수준에서 최적화되고 나면 이러한 과정을 끝임없이 반복해도 정체된 효율이 좀처럼 올라가지 않습니다. 과연, 무엇이 문제일까요?

이제 단순히 광고 효율이 아니라, 퍼포먼스 마케팅이란 용어 그대로 마케팅의 관점에서 어떤 성과를 낼지를 생각해봐야 할 때입니다. 광고 효과를 단지 클릭이나 페이지 방문, 앱 설치 또는 회원가입으로만 측정할 것이 아니라 구매전환까지 이르는 고객경험 전체를 바라봐야 합니다. ROAS를 계산하고 있으므로 구매전환까지 고려한 퍼포먼스 마케팅을 하고 있다고 생각해선 안 됩니다. 캠페인 기간 동안 구매전환(매출)을 광고비로 나누는 평균적 ROAS가 아니라, 타깃 오디언스별로, 더 나아가서는 개인별로 전환 효과를 측정하고 분석할 수 있을 때 제대로 구매전환을 분석하고 있다고 말할 수 있습니다.

퍼포먼스 마케팅이
광고 효율에 매몰되는 이유

앞서 퍼포먼스 마케팅이 광고 효율에 과도하게 집중되어 있다는 점을 지적했는데요. 그 이유는 퍼포먼스 마케팅에서 광고 효율을 입증하는 방식 때문입니다. 퍼포먼스 마케팅에서 광고 효율을 측정하는 방법을 **어트리뷰션 모델**이라고 합니다. 주로 웹보다는 모바일 측정 환경에서 사용되는 용어입니다. 여러 가지 모델이 있지만 여기서는 퍼포먼스 마케팅의 효율 측정 방식을 지적하기 위해 가장 크게 대비되는 멀티터치Multi Touch 어트리뷰션과 싱글 터치Single Touch 어트리뷰션 정도만 설명하도록 하겠습니다.

멀티터치 어트리뷰션은 이용자가 처음 광고를 클릭하고 목표하는 반응 행동을 하기까지 거친 경로, 즉 방문한 다른 채널도 일정한 기준으로 기여도를 인정해주는 방식입니다. 예를 들어, 어떤 사람이 A 매체에서 광고를 클릭한 뒤 바로 모바일 앱을 설치하지 않고, B 검색 엔진에서 해당 앱을 검색한 뒤, C 소셜미디어에서 광고를 보고 앱을 설치했다면, 과연 어느 매체의 기여로 앱을 설치했는지 판단하기 어렵습니다. 이때 A 또는 C 매체 광고의 기여도를 100% 인정하는 방식이 **싱글터치 어트리뷰션**이고, 경로별로 가중치를 두어 골고루 기여도를 인정하는 방식이 멀티터치 어트리뷰션입니다.

사실 멀티터치 어트리뷰션으로 광고 효율을 측정하는 방법이 가장 이상적이나, 멀티터치 어트리뷰션이 가능하려면 광고를 집행하는 기업의 플랫폼에 모바일 측정 환경이 아주 잘 갖추어져 있어야 합니다. 또한, 소비자가 처음 광고를 접한 순간부터 최종 앱을 설치할 때까지 방문한 경로를 추적하려면 데이터가 유실되지 않고 연결되어 있어야 하므로, 전문 어트리뷰션 툴을 사용하더라도 측정에 한계가 있습니다.

일반적으로 퍼포먼스 마케팅은 보통 모바일뿐만 아니라 웹 광고도 함께 집행합니다. 특히 웹 환경에서는 전문 측정 툴을 활용한다고 하더라도 모바일 환경에 비해 데이터가 연결성이 떨어지거나, 유실되는 일이 많습니다. 또한 모바일 환경에서도 멀티터치 어트리뷰션을 적용하기엔 아직 매체 환경이나 기술적 이슈 등으로 고객의 모든 여정을 완벽하게 추적하기가 쉽지 않은 상황입니다.

사정이 이렇다 보니, 퍼포먼스 마케팅 실무에서는 최종적으로 목표 반응 행동을 만들어낸 광고의 효율 즉, 라스트 터치Last Touch 어트리뷰션을 증명하는 데 모든 노력이 집중되었다고 해도 과언이 아닙니다. 그리고 이렇게 퍼포먼스 광고의 모든 성과를 라스트 터치에 몰아주는 현상은 어떻게든 효율 지표만 높이기 위해 광고 사기가 성행하는 폐단을 낳았습니다.

아래 [그림 7.2]에서 보는 바와 같이 광고 사기의 유형은 매우 다양합니다. 광고 닫기(X) 버튼을 아주 작게 만들어 클릭하기 어렵게 만드는 소극적 어뷰징abusing이나 광고를 클릭하지 않았는데도 노출 이후 바로 랜딩 페이지로 강제 이동시키는 자동 리다이렉션redirection, 눈에 보이는 광고 뒤에 여러 레이어layer를 만들고 다종의 광고를 함께 송출해서 노출량을 속이는 적극적인 행위에 이르기까지 정말 다양한 광고 사기가 기승을 부립니다. 이렇게 광고 사기가 공공연하게 벌어지는 이유는 광고 효율이라는 후행지표에 지나치게 과몰입하기 때문입니다.

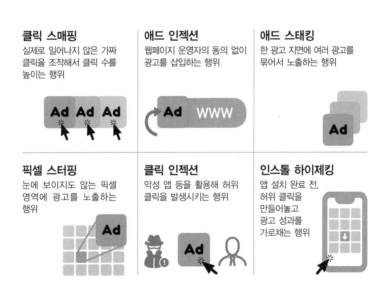

클릭 스매핑
실제로 일어나지 않은 가짜 클릭을 조작해서 클릭 수를 높이는 행위

애드 인젝션
웹페이지 운영자의 동의 없이 광고를 삽입하는 행위

애드 스태킹
한 광고 지면에 여러 광고를 묶어서 노출하는 행위

픽셀 스터핑
눈에 보이지도 않는 픽셀 영역에 광고를 노출하는 행위

클릭 인젝션
악성 앱 등을 활용해 허위 클릭을 발생시키는 행위

인스톨 하이제킹
앱 설치 완료 전, 허위 클릭을 만들어놓고 광고 성과를 가로채는 행위

[그림 7.2] 대표적인 광고 사기의 유형[2]

마케팅을 바꾸는 데이터의 힘

또한 퍼포먼스 광고가 노출되는 과정에는 여러 회사가 연계되는데, 어떤 방법을 사용해서라도 성과 지표를 맞춰 수익을 올리려는 일부 사업자들의 그릇된 욕심을 비롯해, 이를 근본적으로 걸러내는 일은 매체가 아닌 광고주 기업이 해야 한다는 구조적 문제도 한몫합니다.

마케팅 활동에는 한 가지 수단만 있는 것이 아니며, 결국 목적은 다양한 마케팅 활동으로 끊임없이 소비자를 설득하고 최종 목표인 구매전환으로 이끌어가는 것입니다. 아무리 광고 효율이 중요하더라도, 소비자 여정에서의 여러 마케팅 활동과 콘텐츠, 프로모션, 광고의 효과를 종합적으로 분석하지 못한 채, 아래 [그림 7.3]과 같이 맨 마지막 소비자 반응이 일어난 광고의 효율에만 집착한다면 마케터의 시야와 판단은 좁아질 수밖에 없습니다. 현실적으로도 퍼포먼스 마케터의 지상과제는 당장 집행 중인 광고의 효율이 지난번 캠페인보다 좋아지도록, 어제보다 효율이 개선되도록 하는 것이므로 마케팅 목표보다는 눈앞의 숫자를 개선하는 데 집중하게 됩니다.

[그림 7.3] 성과 확인이 가능한 퍼포먼스 광고에 성과를 몰아주는 문제

퍼포먼스 마케팅이 광고 효율에 지나치게 매몰되어 놓치는 또 다른 이슈는 광고 타기팅의 적절성에 대한 의문입니다. 현재 대부분의 퍼포먼스 마케팅은 매체에서 제공하는 관심사 데이터를 기반으로 타기팅을 적용합니다. 그런데 문제는 소비자의 관심사를 주로 소비자가 시청하는 콘텐츠, 클릭하는 광고나 페이지 카테고리로 파악한다는 데 있습니다. 이미 특정 제품의 구매를 결심한 소비자에게 퍼포먼스 마케팅이 그저 방문을 유도하는 입구gateway 역할만을 할 가능성이 생기는 셈입니다. 조금 직관적으로 예를 들자면, 이미 휴대전화 매장 입구에서 휴대전화를 구입하러 들어서는 사람에게 전단지를 나누어 주고는, 전단지의 퍼포먼스 마케팅 효율이 100%라고 기뻐하는 상황과 크게 다르지 않습니다.

더 큰 우려는 광고 타기팅을 담당하는 AI 알고리즘이 '광고 효율을 높이는 것'에 최적화되어 있다는 점입니다. 기술적으로는 당연히 지향해야 할 발전 방향이지만, AI가 광고 효율을 높이기 위해 결국 광고에 반응할 가능성이 큰 사람에게만 광고를 더 노출하는 경향이 발생할 수 있습니다. 이렇게 되면 광고주가 타깃으로 했던 일반 소비자가 아닌 이미 구매를 결정한 소비자나 체리피커를 유입시켜 놓고 광고 효율이 좋아졌다고 판단할 수도 있습니다. [그림 7.4]는 AI 알고리즘의 광고 효율 증대 로직으로 인해 굳이 광고하지 않아도 될 대상에게서 높은 광고 효율을 얻는 상황의 문제점을 보여줍니다.

광고 타기팅 알고리즘이 전부 왜곡되었다고 말씀드리는 것이 아

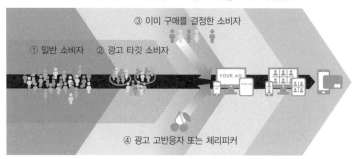

[그림 7.4] 데이터 없는 퍼포먼스 마케팅의 잘못된 광고 효율

닙니다. 캠페인 기간 내에 정해진 광고비를 모두 소진해야 하는 광고 매체의 수익 구조나 AI 최적화 알고리즘이 지향하는 효율 달성 위주의 목표를 생각해본다면 충분히 개연성 있는 의구심일 수밖에 없습니다. 물론 이런 의구심을 해소하는 방법은 신뢰성 있는 데이터로 명확한 타깃 오디언스를 선정해서 광고를 노출하고, 이들의 반응과 구매 여정, 그리고 구매전환을 하나의 식별자로 추적·분석하는 것입니다. 그것이 퍼포먼스 마케팅이 광고 효율에 매몰되지 않는 근본적인 방법이며 진짜 데이터 드리븐 마케팅을 하는 방법입니다.

데이터리스 마케팅이
놓치고 있는 것

이제 퍼포먼스 마케팅에서도 데이터 활용은 필수입니다. 효율을 내더라도 어떤 소비자를 대상으로 효율을 냈는지를 파악하지 못하면, 신규 영입된 고객을 적절하게 대응하지 못한 채 빠른 속도로 이탈하는 고객을 손도 쓰지 못하고 바라만 보고 있을 겁니다. 이럴 때 마케터가 신규 영입 고객의 데이터를 가지고 있다면 더 빠르게 그들이 원하는 경험을 제공하고 구매전환의 기회를 만들어낼 수 있을 것입니다. 퍼포먼스 마케팅에서 신규 고객의 데이터를 미리 알고 있는 것이 얼마나 중요한지 이해를 돕는 예시를 하나 소개하겠습니다.[3]

○○ 백화점 VVIP인 A씨는 평소 가장 좋아하는 명품 브랜드의 F/W 한정판 신상이 나왔다는 소식을 듣고 ○○ 백화점으로 향했습니다. 하지만 해당 제품은 국내에서는 △△ 백화점에서만 판매된다는 사실을 알게 되었습니다. 급한 마음에 △△ 백화점으로 차를 돌렸지만 몰려든 차량으로 주차하는 데만 몇십 분을 소비해야 했습니다. 결국 그토록 원한 한정판 신상은 남의 물건이 되어버립니다. A씨는 평소 ○○ 백화점에서는 최고급 접대와 호사로운 VVIP 서비스를 누려왔지만, 자신이 평소 쇼핑에 얼마나 많은 돈을 쓰는 고객인지 알아채지 못한 △△ 백화점에선 아무 의미 없음을 절감했습니다.

물론 가상의 에피소드입니다. 만약 현실에서 이런 일이 실제로 벌어졌다면 어땠을까요? A씨가 ○○ 백화점 VVIP라는 사실을 △△ 백화점 마케터가 미리 알았더라면 어떻게 대응했을까요? 그가 주차장에서 시간을 낭비하며 불편을 겪는 걸 그저 지켜보기만 했을까요? 당장 새로운 VVIP에게 발레파킹 서비스를 제공하고 퍼스널 쇼퍼를 대동해서 특별 대우를 했을 게 틀림없습니다.

이런 사정은 온라인 쇼핑몰이라고 해서 크게 다를 바가 없습니다. B 쇼핑몰 열혈 이용자가 어느 날 갑자기 C 쇼핑몰에서 물건을 구입한다고 해도, 그 사람의 구매 이력과 쇼핑몰 구매액의 수준을 알지 못하는 C 쇼핑몰 입장에선 그저 평범한 신규 고객이 한 명 추가됐을 뿐입니다. 만약 C 쇼핑몰 신규 고객 1,000명 중에 평소 B 쇼핑몰을 애용하는 최상위 고객이 100명쯤 있다고 가정해봅시다. 이들에게는 다른 신규 고객과 차별화되는 색다른 마케팅 메시지와 혜택을 제공하는 편이 훨씬 더 효과적이지 않을까요?

위 사례들은 정보의 비대칭, 즉 데이터의 결여가 옥석을 가리는 데 방해가 될 수 있음을 적나라하게 보여줍니다. 자사 플랫폼 안에서 아무리 열심히 데이터를 쌓고 분석해도 고객의 성향과 니즈를 파악하고 목표를 달성하기란 생각보다 쉽지 않습니다. 결국 타깃 오디언스 데이터를 종합적으로 활용할 수 있을 때에서야 꼭 붙잡아야 하는 고객인지, 아니면 쉽게 이탈할 고객인지를 알 수 있습니다.

한편 광고 효율 관점에서도 퍼포먼스 마케팅을 생각해봤으면 합니다. 계속해서 높은 광고 효율을 만들어내는 것은 퍼포먼스 마케팅

[그림 7.5] 우량 고객 데이터를 안다면 퍼포먼스 효율이 중요할까?

의 존재 이유이기도 합니다. 하지만 단순히 광고 효율이 높다고 좋은
것만은 아닐 수 있습니다. 때로는 더 중요한 가치에 광고 효율을 양
보해야 한다고 생각해본 적이 있으신지요? 선뜻 이해하기 힘든 이야
기이지만 기업에 더 가치 있는 우량 소비자를 자사 고객으로 만들기
위해서 광고 효율을 포기해야 하는 때도 있습니다.

위 [그림 7.5]에서처럼 우리 브랜드에서는 휴면 고객인 소비자가
해당 비즈니스 카테고리의 고관여 사용자, 즉 해당 카테고리에서 적
극적으로 활동하며 영향력이 큰 소비자라는 데이터가 있다면, 어떻
게든 다시 모셔 와야 합니다. 또한 우리 쇼핑몰에서는 구매액이 낮지
만 경쟁사 쇼핑몰에서는 구매액과 구매 빈도가 높아 VIP 대접을 받
는 고객이라면 반드시 우리 쇼핑몰의 충성고객으로 만들어야 합니
다. 핵심 고객에 관한 데이터가 없다면 퍼포먼스 마케팅에서는 이 고
객을 그냥 일반 타깃으로 분류하겠지요. 문제는 이런 VIP 고객이 일
반적인 퍼포먼스 광고에 반응하지 않는다는 점입니다. 아마도 광고

마케팅을 바꾸는 데이터의 힘

효율이 매우 낮을 테고, 얼마 지나지 않아 광고 타깃에서 제외되겠지요. 일반적으로 효율이 낮은 타깃은 새로운 타깃으로 대체되기 때문입니다.

진짜 퍼포먼스 마케팅이라면 이렇듯 중요한 소비자를 단순히 광고 효율의 프레임으로 바라보고 놓쳐선 안 됩니다. 데이터로 잠재적 우량 고객을 파악했다면 광고 효율을 아예 포기하고, 어떤 마케팅 수단과 비용을 들여서라도 모셔 와야 합니다.

마지막으로 다시 한번 데이터 마케팅이 성공하려면 자사 고객 데이터와 서드 파티 데이터를 함께 활용해야 한다는 점을 힘주어 강조해봅니다.

데이터, 브랜딩과
퍼포먼스를 연결하다

소비자 없는 퍼포먼스는
광고비 낭비와 다름없다

당연히 퍼포먼스 마케팅의 성과
는 광고를 집행해서 구매를 일으키려는 광고주를 위한 것이어야 합
니다. 그리고 그 퍼포먼스는 광고주가 신규 고객으로 영입하고자 하
는 타깃 소비자가 만들어줍니다. 그런데, 퍼포먼스 마케팅 캠페인을
데이터 기반으로 제대로 설계하지 않아서 영입하려고 했던 신규 고
객이 아닌 다른 소비자를 데려오느라 엄청난 광고비를 낭비하는 일
이 많다고 말씀드렸습니다.

제가 만났던 한 브랜드의 실제 사례를 소개해드리려고 합니다. 이
브랜드는 이름만 들어도 알 만한 유명한 패션 부문 이커머스 브랜드

입니다. 한때 패션 이커머스 브랜드 간 경쟁이 매우 치열해지면서, 디지털 채널에서 퍼포먼스 마케팅만 진행해서는 매출을 증대하기가 어려워졌습니다. 이 브랜드는 새로운 영역으로 비즈니스를 확장하면서 TV 광고를 비롯해 대대적인 광고 캠페인을 진행했습니다. 물론 엄청난 광고비를 쏟아부은 결과로 신규 회원 수가 급격히 증가했고, MAU 기준 업계 1위를 거머쥐었습니다.

과연 이들이 대대적인 마케팅으로 실제 새롭게 확장하는 부문과 관련된 소비자를 영입했는지가 궁금해졌습니다. 그래서 모바일인덱스 인사이트 데이터를 활용해 이 브랜드에 새롭게 유입된 고객들의 페르소나를 분석해보았습니다. 신규 고객의 비식별 데이터를 사전 정의된 DMP 페르소나 데이터와 비교해 그들의 성향을 추적해본 것입니다. 다음 [그림 7.6]은 기존 고객의 페르소나와 캠페인 이후 증가한 페르소나를 서드 파티 데이터 기준으로 비교 분석해본 결과입니다.

그림에서 짙은 색으로 채워진 부분이 기존 고객의 페르소나입니다. 주로 명품 구매를 선호하는 '명품 소비족', 그리고 패션에 관심이 많은 '패셔니스타'* 등으로 구성되어 있음을 볼 수 있습니다. 그런데 특정 스포츠 영역으로 새로이 비즈니스를 확장하기 위해 대대적인 광고 캠페인을 집행했음에도 새롭게 영입된 고객(굵은 선)의 페르소

---

* 모바일인덱스 인사이트 내 페르소나 중 패션/의류 쇼핑몰(전문몰 중심)을 자주 이용하는 상위 20% 유저

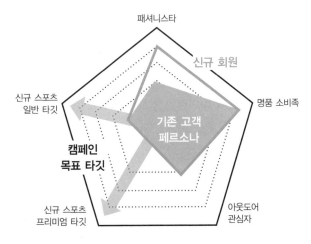

패셔니스타

신규 회원

신규 스포츠
일반 타깃

명품 소비족

기존 고객
페르소나

캠페인
목표 타깃

신규 스포츠
프리미엄 타깃

아웃도어
관심자

[그림 7.6] 이커머스 브랜드 캠페인 후의 신규 유입 고객 페르소나

나가 원래의 영역인 패셔니스타 쪽으로만 큰 폭으로 증가했음이 확인되었습니다.

무슨 일이 벌어진 것일까요? 분명 특정 스포츠 영역으로의 확장을 목표로, 관련된 메시지가 담긴 TV 광고와 퍼포먼스 마케팅을 진행해 많은 신규 고객을 확보했음에도 캠페인 목표와 다른 페르소나의 고객만 늘어난 이유가 궁금해집니다. 집행된 광고 소재들을 분석해보면 타깃 소비자는 패션에 관심이 있으며, 명품 소비를 즐기는 사람들 가운데 해당 스포츠를 즐기는 사람들이었을 것입니다.

결국 광고가 목표로 하는 타깃과 실제 노출된 오디언스가 달랐다고 판단됩니다. 그렇다면 왜 캠페인 목표 타깃과 실제 광고가 노출된 오디언스가 달랐을까요? 우선, 매체에서 제공하는 타기팅 옵션과 AI

마케팅을 바꾸는 데이터의 힘

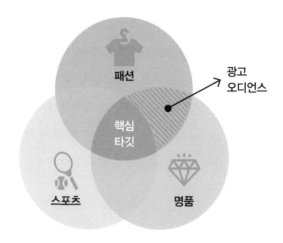

패션

광고
오디언스

핵심
타깃

스포츠

명품

[그림 7.7] 광고 핵심 타깃과 광고 노출 오디언스의 불일치

효율 최적화 알고리즘은 과거에 이용한 콘텐츠나 검색 내용을 기반으로 하기 때문에 오디언스 관심사 분류에 한계가 있을 수 있습니다. 또한 기존 해당 쇼핑몰 광고에서 '명품 및 패션' 관심 오디언스의 반응률이 높았다는 사실을 AI가 학습했을 것이므로 [그림7.7]처럼 목표 타깃보다는 '명품 및 패션' 관심 오디언스에 광고를 집중적으로 노출했을 가능성이 있습니다.

만일 위의 쇼핑몰이 해당 스포츠 관련 앱 이용성 데이터로 타깃을 분류하고, 관련 시설의 방문 위치와 횟수, 관련 용품 구매 비용과 빈도 등을 반영하여 광고 오디언스를 선정했다면 캠페인이 목표한 오디언스를 새로 영입할 수 있었을 것입니다.

퍼포먼스 마케팅도 기본적으로 광고 효율을 측정하고, 구매 퍼널과 전환율을 분석한다는 차원에서 분명 데이터를 활용합니다. 하지만 지금까지 설명한 내용과 사례를 통해 왜 퍼포먼스 마케팅이 데이터리스 마케팅이 될 수도 있다고 말하는지 이해하셨으리라 생각합니다. 퍼포먼스 마케팅이 한때 마케팅의 대세처럼 여겨지면서 DA 광고의 최종 효율이나 회원가입, 앱 인스톨 등 초기 전환 성과에 과도하게 집중한 탓에 스스로의 역할을 매우 제한적으로 좁히지는 않았나 생각해봅니다.

최근에는 지나치게 광고 효율에 매몰되고, 오디언스 데이터를 분석하지 못하는 AI 알고리즘에 비판의 목소리가 높아지면서, DMP 오디언스 데이터를 활용하려는 노력이 조금씩이나마 이루어지고 있습니다.

데이터 마케팅은
고객경험 하나로 통한다

기업의 규모가 어느 정도 커지면 마케팅 관련 부서들도 기능과 목적별로 나뉘어서 브랜딩만을 담당하는 팀, 매체 광고만을 담당하는 팀, 디지털 광고만을 담당하는 팀 등이 별도로 일하는 경우가 많습니다. 물론 마케팅 최고책임자Chief Marketing Officer; CMO가 있다면 이들 부서를 총괄해서 지휘하겠지만, 그렇지 않으면 각 부서장이 알아서 개별적으로 활동할 테니, 여러 마케팅 활동이 일관된 전략 아래 일사불란하게 진행되기가 쉽지 않습니다.

그중에서도 전통적인 마케팅, 특히 브랜딩 부서와 디지털 마케팅 관련 부서 간의 협업은 현실적으로 잘 이루어지지 않을 때가 많습니다. 협업하지 않겠다는 의지가 있어서라기보다는, 각자 맡은 영역에 지나치게 집중하다 보니 바로 옆 부서에서 진행하는 일들을 전혀 신경 쓰지 못합니다.

실제로 광고대행사를 운영하던 시절 어떤 광고주의 퍼포먼스 광고를 연간으로 맡아 운영했는데요. 평소와 다름없이 연간 전략에 따라서 정해진 예산과 타깃에 맞춰 퍼포먼스 광고를 운영했는데 어느 날부터 갑자기 광고 효율이 급증했습니다. 분명 좋은 일이긴 하지만 원인이 무엇인지를 몰라 여러 가지로 데이터도 분석해보고, 평소와 다르게 세팅한 부분은 없는지 검토해봤지만, 딱히 원인을 찾기 힘들었습니다. 물론 광고주 실무팀도 마찬가지로 이유를 모르는 상황이었습니다.

그런데, 의외의 곳에서 원인을 찾았습니다. 바로 옆 팀인 브랜드 광고팀에서 광고 효율이 급증한 날부터 대대적인 TV 브랜딩 광고를 런칭한 것입니다. TV 광고가 직접적인 원인이라고 단정 지을 수는 없겠지만, TV 광고 집행 기록과 퍼포먼스 마케팅 광고 효율의 추이를 비교해본 결과 긍정적인 상관관계가 발견되었습니다. 놀라운 사실은 디지털 담당팀에서는 브랜드 광고팀에서 TV 캠페인을 집행하는 사실을 신경 쓰지 않고 있었다는 겁니다. 당연히 TV 광고와 퍼포먼스 광고는 아무런 연계도 없이 각각 따로 집행되고 있었습니다. 그런데 TV 광고를 본 소비자들이 퍼포먼스 마케팅에 더 긍정적으로 반응했던 것입니다. 사실 현업에서 이런 일은 비일비재하게 벌어집니다.

기업의 마케팅 부문도 담당하는 업무가 세분화되어 있으면 파편화되기 쉽습니다. 일관된 마케팅 전략 아래 파트별로 역할을 분담하고 상호 시너지를 만들어낼 수 있도록 설계했다면, 훨씬 더 좋은 마케팅 성과를 만들 수 있을 텐데 하는 안타까운 마음이 듭니다.

글로벌 에이전시 그룹 WPP의 광고 사업을 출범시켰으며, 30년 넘게 WPP를 세계적인 광고 그룹으로 성장시킨 마틴 소렐Martin Sorrell이란 분이 있습니다. 그는 2018년, 70대 중반을 넘어선 나이에 WWP 회장직에서 물러난 직후 S4 캐피털S4 Capital이란 회사를 창립했습니다. 전통 광고시장에서 세계 최고의 회사를 이끈 노년의 마틴 소렐이 새롭게 만든 S4 캐피털은 놀랍게도 완전히 디지털·데이터·콘텐츠 중심의 회사입니다. S4 캐피털은 [그림 7.8]에서 보는 바와 같이 브랜디드 콘텐츠, 데이터 및 디지털 미디어, 그리고 테크놀로지 서비스 세 영역에 모든 비즈니스를 집중하고 있습니다. 특히, 퍼스트 파티 데이터와 디지털 콘텐츠, 그리고 프로그래매틱 광고를 고객 환경 중심으로 통합해서 더 빠르게, 더 좋게, 더 효율적으로 실행하는 것을 회사의 핵심 전략으로 강조합니다. 개인적으로는 현재 우리가 당면한 디지털 환경과 기술 변화에 가장 적합한 철학과 전략, 방향성을

마케팅을 바꾸는 데이터의 힘

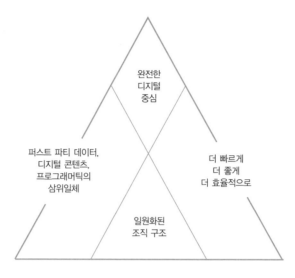

[그림 7.8] S4 캐피털의 사업 전략

가진 회사라고 생각합니다.

　이제 전통적인 마케팅과 디지털 마케팅의 구분은 아무런 의미가 없습니다. 전통적인 삶과 디지털 방식의 삶이 따로 구분되어 있지 않듯이, 소비자가 브랜드를 만나고 제품을 경험하고 소비하는 모든 환경은 고객경험 하나로 연결됩니다. 따라서 브랜드 따로, 퍼포먼스 따로 움직이는 파편화된 마케팅은 소중한 인력과 예산을 낭비하는 일입니다. 고객경험의 모든 과정이 데이터 중심으로 연결되어 브랜딩과 퍼포먼스 마케팅이 시너지를 이끌어낼 때 브랜드는 강화되고, 고객경험은 최적화되며 비즈니스도 성장할 것입니다.

8장

크리에이티브가
데이터를
만났을 때

크리에이티브 판도를 바꾸는
AI 머신러닝

소비자 니즈를 정확히 겨냥하는
크리에이티브 차별화 전략

지금까지 데이터 기반의 인사이
트를 크리에이티브에 활용하고자 하는 노력은 디지털 광고 캠페인뿐
만 아니라 전통적인 광고 캠페인에서도 꾸준히 이루어져 왔습니다.
물론 데이터에서 크리에이티브 아이디어를 도출한다고 해서 캠페인
의 성공이 보장되거나, 당장 어떤 목표를 달성할 수 있다는 말은 아
닙니다. 하지만 데이터 드리븐 크리에이티브는 광고 대상인 소비자
의 마음과 니즈를 사전에 알고 설득하는 방법이니, 훨씬 더 자연스럽
고 효율적으로 다가설 것을 기대해볼 수 있지 않을까요? 광고 효과
또한 데이터로 평가하므로, 매번 아이디에이션ideation을 처음부터 시

작하지 않아도 되니 더욱 효과적인 접근을 찾아갈 수 있으리라 기대해봅니다.

조금 시간이 지났지만 직접 광고회사를 운영하던 몇 해 전 캠페인 사례를 하나 소개해드릴까 합니다. 당시에는 어떻게라도 데이터에 기반한 크리에이티브를 만들어보고 싶었지만, 대행사로서 직접 활용할 만한 퍼스트 파티 데이터를 확보할 수가 없었습니다. 그래서 서드 파티 데이터를 활용해서 크리에이티브를 차별화해보기로 했습니다. 타깃 소비자의 니즈와 상황에 따라 브랜드 USP를 특성화하면 더 효과적일 것이라고 가정하고, [표 8.1]과 같이 페르소나(연령, 성별)를 기준으로 소비자의 라이프 스타일을 세분화했습니다. 또한 매체에서 제공한 서드 파티 관심사 데이터를 기반으로 소재별 노출 시기 및 시간을 타깃 집단별로 나누어 크리에이티브를 개발하는 방향으로 광고 캠페인을 준비했습니다.

크리에이티브 아이디어의 방향이 멀티소재로 제안되었지만, 제작비가 한정되어 있었고 총 18편의 영상 크리에이티브 소재가 제작되어야 했기 때문에 촬영 시간을 최대한 세분화하고, 상황별로 모델과 의상, 소품 등을 최대한 간소화해서 짜임새 있게 촬영을 진행했습니다. 18개의 에피소드를 촬영하고 편집하는 과정이 쉽지 않았지만, 기획과 제작, 매체팀 모두가 한 팀처럼 긴밀하게 협업했기에 가능한 일이었습니다.

타깃 소비자별 USP를 연령과 성별로 세분화해서 관심사에 따라

Key Message	USP	페르소나 (연령/성별)	타기팅 (관심사/시간)		광고 카피
우리 브랜드는 일일이 다 챙겨 준다	간편 등록	쇼핑초보 (3544F)	쇼핑	평일 오후	#할 일 많은 오후 + 모바일 쇼핑 초보의 참 쉬운 카드 등록의 길
				주말	#아차 하면 끝나는 주말 + 모바일 쇼핑 초보의 참 쉬운 카드 등록의 길
		워킹맘 (3544F)	쇼핑 /자녀	출근 시간	#출근길도 품격 있게 + 시간 없는 워킹맘의 시간 버는 카드 등록의 길
				퇴근 시간	#여유만만 칼퇴근 + 시간 없는 워킹맘의 시간 버는 카드 등록의 길
	원클릭 결제	바쁜 직장인 (3544FM)	Biz	출근 시간	#출근도장 찍자마자 + 엘리트 직장인의 스마트한 결제의 길
				퇴근 시간	#퇴근 5분 전 + 엘리트 직장인의 스마트한 결제의 길
		싱글족 (3544FM)	드라마	월요일	#업무 폭발 월요일 + 엘리트 직장인의 스마트한 결제의 길
				평일 밤	#금쪽같은 늦은 저녁 + 싱글족의 초간편 할인의 길
	캐쉬백 혜택	스마트쇼퍼 (3544FM)	쇼핑	주말	#쉬고 싶은 주말 + 초보 엄마의 결제의 길
				평일 오후	#다가오는 퇴근 시간 + 스마트 쇼퍼의 최저가 쇼핑의 길
	카드사 할인	간식 구매맘 (3544F)	쇼핑 /자녀	주말	#나를 위한 주말 + 스마트 쇼퍼의 최저가 쇼핑의 길
				평일	#피곤한 평일 오후 + 초보 엄마의 할인의 길
		스마트 쇼퍼 (3544FM)	Biz /쇼핑	주말	#가족과 함께하는 주말 + 초보 엄마의 할인의 길
				평일	#기다려지는 주말 + 쇼잘알 커플의 할인의 길
	전용 카드 출시	스마트 쇼퍼 (3544FM)	Biz /쇼핑	Non.	#후끈후끈 불금 + 쇼잘알 커플의 할인의 길
				Non.	#최대 75,000원의 혜택 + 스마트 쇼퍼의 길

[표 8.1] USP, 페르소나, 타깃 관심사와 노출 시간대별 크리에이티브 세분화

[그림 8.1] 소비자 라이프 스타일로 제작된 다양한 크리에이티브

달리 개발한 광고 크리에이티브를 각각 가장 적절한 노출 시간과 상황적 맥락context에 노출하겠다는 계획은 적중했습니다. 전체적인 광고 효율이 이전 캠페인보다 훨씬 높아졌으며, 광고주에게 정확한 전환율 데이터를 공유받지는 못했으나 계획했던 광고 목표를 넘어서는 결과를 만들어냈다는 평가를 받았습니다.

고객 페르소나를 반영한 광고로
공감을 얻어낼 것

조금 더 다양한 데이터를 활용했던 캠페인을 하나 더 소개해드릴까 합니다. 역시 제가 광고회사를 운영하던 시절로, 광고주에게 재미있는 제안 요청을 받았습니다. 자사 퍼스트 파티 데이터를 분석해서 해당 제품의 타깃 소비자 인사이트를 도출하고, 이를 캠페인 크리에이티브에 반영해달라는 것이었습니

마케팅을 바꾸는 데이터의 힘

다. 데이터 기반 크리에이티브에 관심이 많았기에 흔쾌히 제안을 수락하고 캠페인을 수주한 뒤, 광고주의 협조 아래 모든 과정을 매끄럽게 집행하였습니다.

캠페인의 과제는 연말 크리스마스 시즌 전후로 미국, 캐나다, 영국, 독일, 네덜란드 다섯 개 국가별로 브랜딩 영상을 제작해서 디지털 매체에 집행하는 것이었습니다. 기획팀은 해당 기업이 원래 보유한 소비자 유형별 분석 데이터와 구글 애널리틱스로 수집한 해당 브랜드 홈페이지 방문자 중 상위 20% 고객의 데이터, 홈페이지 내 SUV 메뉴에서 제품 상세페이지를 열람한 고객과 다시 EV 탐색 및 시승을 신청한 고객 데이터까지, 범위를 좁혀가며 소비자 행동 데이터와 페르소나 데이터에서 타깃 인사이트 발굴해나갔습니다.

구글 애널리틱스와 실제 웹사이트 데이터를 종합해서 핵심 타깃의 페르소나를 '아날로그 시절부터 디지털의 변화를 경험한 40대 가

40대 가치 지향 소비자에게 크리스마스란?

크리스마스에는 당연히 가족과 행복한 시간을 보낸다.
하지만, 아빠로 살고 있는 그들에게
크리스마스가 축제/휴식의 시간만은 아니다.

크리스마스는 즐겁지만,
하룻밤 사이에 끝나고 일상은 돌아온다.
크리스마스가 지나도 여전히 나에게 즐거움을 주는 것은 무엇일까?

[표 8.2] 데이터 기반 타깃 페르소나의 핵심 인사이트

치 지향 소비자'라고 정의했습니다. 그리고 [표 8.2]와 같이 이들에게 크리스마스는 어떤 의미인지 핵심 인사이트를 파악해서 크리에이티브에 반영하고자 했습니다.

크리에이티브 아이디어는 타깃 소비자가 신나는 크리스마스 파티 다음 날 아침에 느끼는 피로감으로 공감대를 형성하고, 그 피로가 풀리고 기분이 달래질 만큼 좋아하는 차를 보여주는 것으로 잡았습니다. 영상 내용은 아래 [그림 8.2]와 같습니다.

스토리는 홈 카메라에 담긴 즐거운 크리스마스 파티 장면으로 시작합니다. 가족과 친구들이 왁자지껄 함께한 즐거운 크리스마스 파티의 기억을 뒤로하고 잠에 들었다가 아침에 깨어보니 숙취가 몰려옵니다. 어질러진 거실과 벽면의 낙서, 불 꺼진 벽난로와 잔뜩 쌓인 설거지. 취기로 어렴풋한 지난밤의 기억과 눈앞에 어질러진 집의 모습이 짧은 호흡으로 교차합니다. 싱크대 앞에서 정신을 차리려고 커피 한잔을 마시다가 문득 창밖으로 자신의 차를 봅니다. 숙취와 뒷정리 걱정을 잠시 잊은 채 흐뭇한 미소가 떠오르고 SUV가 줌업되면

[그림 8.2] SUV 광고 크리에이티브 영상

마케팅을 바꾸는 데이터의 힘

서 영상이 마무리됩니다. 사실 내용만 보면 무릎을 탁! 칠 만큼 기발하거나 창의적이라고 보기는 어렵습니다. 하지만 크리스마스 시즌에 타깃 소비자 누구나 겪었을 만한 에피소드와 감정에 집중하고, 스트레스를 날려버릴 만큼 만족스러운 차량임을 소구하는 것이 목적이었습니다.

캠페인 결과 데이터 기반 크리에이티브 인사이트가 적중했음이 증명되었습니다. 효율성이 해당 브랜드가 기존에 집행했던 타기팅 미적용 캠페인보다 유튜브는 45%, 페이스북은 68% 개선되었습니다. 그리고 직전에 집행된 디지털 영상 캠페인 대비 광고 효율이 유튜브는 622%, 페이스북은 198%에 이르렀습니다. 페이스북 소비자 댓글 반응을 분석해보니 부정적 피드백은 거의 없었으며, 긍정적 피드백이 무려 20배 이상 많았습니다. 크리에이터의 직관에 의존하기보다는 철저하게 데이터에서 도출한 타깃 페르소나와 핵심 인사이트를 크리에이티브 아이디어에 그대로 반영하자 타깃 소비자의 공감을 얻어낼 수 있었습니다.

아직 마케팅 현장에서 데이터에 기반한 광고 캠페인이나 크리에이티브 아이디어를 손쉽게 만나기는 어려운 듯합니다. 물론 DA 광고 영역의 퍼포먼스 마케팅에서는 데이터에 기반한 타깃별 크리에이티브 차별화 시도가 적지 않게 이루어지지만, 아직은 광고에 따른 반응, 즉 결과로서의 광고 효율 최적화 차원에 국한된 것으로 보입니다. 하지만 기업의 퍼스트 파티 데이터 활용이 점점 늘어나는 추세이고, 신뢰도와 정확도가 높은 서드 파티 데이터가 많아지면서 데이터 기반 크리에이티브 시도는 더욱 늘어날 것으로 기대됩니다. 크리에이티브가 데이터를 만나면, 크리에이티브는 더 큰 힘을 발휘할 것입니다.

인공지능에 대체되기 전에
인공지능을 활용하라

AI와 인간 카피라이터,
소비자는 어떤 카피에 끌렸을까?

데이터 인사이트를 크리에이티브에 가장 잘 활용하는 영역은 주로 디스플레이 광고, 즉 DA 영역입니다. 디지털 광고가 퍼스트 파티나 서드 파티 데이터에서 도출한 소비자 인사이트를 크리에이티브에 반영한 결과를 데이터로 확인하기가 환경과 여건상 가장 수월하기 때문입니다.

DA 크리에이티브 영역에서 데이터가 가장 활발히 적용되는 부분은 여러 번 언급했지만, 퍼포먼스 마케팅의 광고 효율 최적화입니다. 사실 DA 광고에서는 데이터로 소비자 인사이트를 도출한다기보다, 가장 좋은 효율을 보여줄 메인 광고 소재를 찾기 위해 준비된 광고의 초기 반응을 분석하는 데 집중합니다. 또한 반복적인 노출로 광고 소재의 효율이 낮아져서wear out 대안으로 새로운 소재를 개발해야 할 때 광고 효율 데이터를 근거로 활용합니다.

다만, 오랜 기간 캠페인을 진행하다 보면 브랜드별·제품별·소재유형별 효과 데이터가 지속적으로 쌓일 뿐 아니라, 기존의 캠페인 데이터가 새로운 DA 크리에이티브의 소재를 개발하는 데 큰 도움이 되기도 합니다. 예를 들어, 특정 제품군에서는 어떤 광고 레이아웃을 적용해야 더 효과적이고, 어떤 색상, 어떤 메시지가 더 높은 효율을 보여준다는 식의 기준이 만들어집니다. 이렇듯 DA 크리에이티브에서는 아이디어 개발보다 효율을 높여주는 크리에이티브 유형을 도출할 근거로 데이터를 주로 활용합니다.

옆의 [그림 8.3]과 [그림 8.4]는 아이지에이웍스가 운영하는 통합 광고 운영 플랫폼이자 ATD Advertiser Trade Desk인 트레이딩웍스 TradingWorks의 광고 소재 인사이트 분석 화면입니다. 트레이딩웍스에서 집행한 모든 DA 광고와 영상 광고 소재는 집행 결과 데이터까지 데이터베이스에 저장됩니다. 또한 업종별, 카테고리별로 광고 소재의 형태와 동영상 광고 노출 시간, 대표적으로 사용된 색상, 주요 메시지와 키워드 등을 검색해서 매체별로 비교해볼 수 있습니다. 또한 해당 업종에서 가장 효율이 높은 소재는 무엇이며 업종별 평균 광고 효율 지표는 어느 정도인지 캠페인 결과 분석 데이터를 제공하므로, DA 광고 크리에이티브를 개발할 때뿐만 아니라 개별 캠페인의 KPI

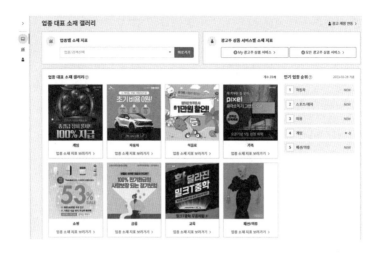

[그림 8.3] 업종별 DA 효율 데이터에 기반한 대표 소재

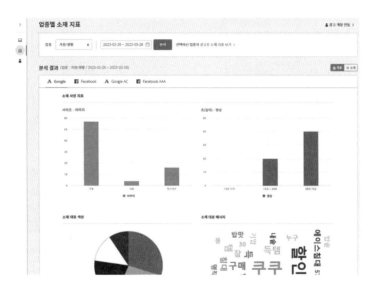

[그림 8.4] 업종별 소재의 광고 유형·색상·메시지 데이터

를 수립하는 데에도 많은 도움을 얻을 수 있습니다.

DA 광고 크리에이티브 영역에서 데이터 활용의 가장 큰 이점
은 머신러닝으로 노동력을 절감하고, 개인화 효과를 극대화할 수 있
다는 점입니다. 중국의 최대 이커머스 기업인 알리바바Alibaba에서는
2015년부터 자사 플랫폼 내의 제품 광고에 AI 기술로 광고 크리에이
티브 제작 자동화를 적용함으로써 엄청난 인적·시간적 비용 절감 효
과를 얻었습니다.

루반은 고객정보와 개인이 구매한 제품, 구매 패턴을 머신러닝으
로 학습하고, 중국의 블랙 프라이데이 격인 광군제에 고객들이 구
매할 만한 제품과 개인화 메시지를 자동으로 적용해서 배너를 만드
는 알리바바의 AI 알고리즘입니다. 루반은 1초당 약 8,000개, 하루에
4000만 개의 개인화 배너를 제작하며, 2018년 광군제에는 약 4억 개
의 개인화 배너를 제작해서 단 하루 동안 약 30조의 매출을 달성했
습니다. 4억 개의 배너를 사람이 만든다고 하면 개당 20분씩 만든다
고 하더라도, 디자이너 100명이 약 150년 동안 만들어야 하는 양입

[그림 8.5] 알리바바의 AI 엔진 루반이 만든 개인화 배너

마케팅을 바꾸는 데이터의 힘

니다.

한편 머신러닝 기반의 AI가 광고 카피를 작성하는 일은 이제 흔합니다. 미국의 인공지능 기업 퍼사도Persado는 광고 목표와 제반 데이터를 입력하면 최적의 카피를 만들어주는 AI 카피라이터를 시장에 내놓았습니다. JP 모건이 이 AI 카피라이터가 만든 카피와 사람이 만든 카피를 광고에 적용해서 소비자 반응을 테스트해본 결과 [그림 8.6]에서 보는 바와 같이 AI의 카피가 무려 450%나 높은 광고 클릭률을 기록했습니다. JP 모건의 체이스 은행Chase bank은 바로 퍼사도의 AI 카피라이터와 2019년부터 5년간 전속 계약을 맺고 광고 캠페인 실무에 AI 카피를 활용하고 있습니다.

이번엔 조금 더 재미있는 사례를 하나 더 소개해드릴까 합니다. 2016년 글로벌 광고회사 맥켄에릭슨McCANN Erickson 일본지사에서는 세계 최초로 인간 크리에이티브 디렉터Creative Director, CD (이하 CD)와

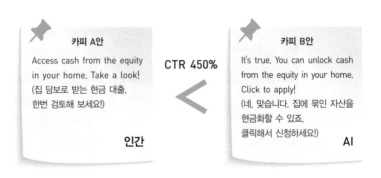

[그림 8.6] 퍼사도의 AI와 사람 카피라이터의 광고 효과 비교

AI 크리에이티브 디렉터가 크리에이티브 대결 캠페인을 진행했습니다.[1] 개인적으로 해당 캠페인이 너무나 궁금해서 해당 대행사에 컨퍼런스 콜까지 해서 캠페인 진행 과정을 파악했습니다. 맥켄에릭슨 재팬에서는 과거 10여 년 간 주요 광고제를 수상한 TV 광고의 크리에이티브를 세부 항목별로 분류하고 각 광고물을 대표할 만한 핵심 키워드를 데이터베이스로 만든 뒤 이를 AI에 학습시켰습니다. 그러고선 일정한 형식에 맞춰 과제를 부여하면 최적의 크리에이티브 구성을 제시해주는 형태의 알고리즘을 개발했습니다.

이후 실제 인간 CD와 AI CD가 유명한 껌 브랜드인 C사를 광고주로 도출한 광고 크리에이티브 아이디어로 [그림 8.7]과 같이 TV 광고 두 편을 제작했습니다. 두 편 모두 소비자들에게 보여준 후 어

인간 CD의
크리에이티브

AI CD의
크리에이티브

[그림 8.7] 인간 CD와 AI CD의 TV 광고 크리에이티브 대결[*]

....

* 해당 이미지는 맥켄에릭슨 재팬의 캠페인 영상이 광고 관련 매체에 공개되었던 시점에 캡처한 이미지로, 현재 영상은 ADWeek나 AD Age 등의 주요 매체 기사에서도 가려진 상태임을 밝힌다.

마케팅을 바꾸는 데이터의 힘

떤 광고가 더 마음에 드는지 블라인드 테스트를 진행했습니다. 결과는 어땠을까요? 정말 다행히도 인간 CD의 크리에이티브 아이디어가 승리를 거두었지만, 54% 대 46%라는 근소한 차이였습니다. 이결과는 아직은 AI보다 사람의 인사이트와 크리에이티브가 더 우월하다고 안도할 것이 아니라, AI CD의 아이디어가 인간 CD의 크리에이티브 아이디어의 대안으로서 얼마든지 활용 가능하다는 점을 검증한 사례라고 할 수 있습니다.

최근 챗GPT를 필두로 혜성처럼 등장한 생성형 AI는 글로벌 비즈니스 시장 전체에 지각변동을 일으키고 있습니다. 저 또한 몇몇 상품의 광고 카피를 써달라고 입력해보았는데, 몇 초 만에 훌륭한 카피 대안 다섯 가지를 받았습니다. 이제 간단한 광고 카피 정도는 사람의 도움 없이 얼마든지 쉽게 여러 대안을 만들고 테스트해볼 수 있을 것 같습니다. 비단 카피뿐만 아니라 미드저니와 같은 이미지 기반 생성형 AI는 그래픽 이미지와 디자인, 영상의 영역에까지도 구체적인 명령어만 입력하면 순식간에 매우 높은 수준의 제작물을 만들어낼 정도로 발전했습니다.

앞으로 AI가 광고인을 대체할 것이라기보다는 AI를 활용할 줄 아는 광고인과 활용할 줄 모르는 광고인이 나뉠 것으로 보입니다. 생성형 AI 기술은 하루가 다르게 신기술이 적용되고 있는데, 그 분야 또한 다양해서 앞으로 어떤 변화가 일어날지 예측조차 하기 힘든 상황입니다. 다만, 그동안 사람이 많은 시간을 투입해야 했던 이미지 자료 조사나, 초기 아이디어 구상, 또는 비주얼 요소를 만들어내는 일에 생성형 AI 기술을 활용한다면 크리에이터들의 업무 효율이 훨씬 더 높아질 것입니다.

한편, 광고 크리에이티브 영역에서 가상현실Virtual Reality; VR 기술의 활용이 늘어나고 있는데요. 직접적인 데이터 활용이라고 보긴 어렵겠지만, 버추얼 모델이 직접 TV CF에 등장하고, 소셜미디어에서 실제 살아 있는 인물처럼 인플루언서로 활동하는 일이 늘었습니다. 버추얼 모델은 유명인 모델보다 비용이 저렴할 뿐만 아니라, 시공간의 제약이 없고, 스캔들이나 불미스러운 이슈에 휘말릴 일이 없다는 장점이 있습니다. 또한 버추얼 모델은 브랜드가 계획하고 예측한 범위 안에서 활동하므로, 정량화된 목표와 계획하에 움직인 결과를 향후 활동의 근거로 활용한다면 이 또한 데이터를 활용한 크리에이티브가 되지 않을까요?

지금까지 크리에이티브 영역은 정량적 측정이 매우 어려웠습니다. 광고를 집행한 뒤 일반 소비자들에게 브랜드 인지도나 선호도 조사를 하는 정도가 최선이었습니다. 하지만 이제는 상황이 달라졌습니다. TV 광고에 노출된 소비자를 실제 제품 구매까지 트래킹해서 광고 크리에이티브와 매체별 효과를 비교 분석하는 수준까지 발전했습니다.

크리에이티브 영역도 이제는 데이터 기반의 성과 측정과 최적화에 있어서 예외일 수 없습니다. 더 나아가 크리에이티브 아이디어를 도출할 단서 또한 결과 데이터의 후행적 활용이 아닌, 선행적인 활용을 해나갈 때 진정한 데이터의 가치를 느낄 수 있을 것입니다.

소비자 니즈를 찾아내면
크래커에서 치즈가 아닌 와인이 보인다

이제 크리에이티브 분야에서의 데이터 활용은 점점 더 보편화될 전망입니다. 결국 데이터 활용의 핵심은 시장과 소비자, 경쟁 상황에 대한 더 깊이 있고 구체적인 인사이트 획득이 아닐까요?

데이터 인사이트를 기반으로 새로운 크리에이티브 아이디어를 도출한 가상의 사례를 소개해보겠습니다.[2] 한 광고회사가 광고주에게 크래커 광고 캠페인을 제안받았습니다. 이 회사는 기존의 크래커 시장을 조사한 자료나 캠페인 결과로 곧바로 크리에이티브 아이디어를 만드는 일에 착수하지 않고, 디지털 공간에서 지금까지 크래커와 관련된 핵심 속성으로 알려진 리얼 치즈real cheese와 관련해서 소비자들이 어떤 이야기를 하는지 파악해보기로 했습니다. 그런데 데이터를 분석하면서 최근 리얼 치즈와 관련된 소비자들의 대화가 크래커 영역이 아닌 와인과 매우 긴밀하게 연결되고 있음을 발견했습니다. 이런 인사이트를 근거로 광고회사는 기존의 타깃을 확장해 와인 애호가들을 타깃으로 광고를 만들어서 기존 시장뿐만 아니라 급격하게 커진 와인 시장으로까지 비즈니스를 확장했습니다. 데이터가 없었다면 이 광고는 계속 리얼 치즈에 대한 니즈를 어떻게 강조해서 표현할지만 고민했을 것입니다.

크리에이티브는 데이터와 거리가 멀다는 생각은 이제 옛날이야기인 것 같습니다. 데이터는 사람이 갖기 쉬운 고정관념에 갇히지 않고, 전혀 기대하지 않았던 인사이트를 발굴하게 해주며, 지금까지 고려하지 않았던 새로운 타깃을 찾도록 해줍니다. 또한 기성 광고가 반복하는 업종별 관습과 스테레오타입에서 벗어나 완전히 새로운 크리에이티브로 발전시킬 아이디어를 제공하기도 합니다.

데이터는 잘게 쪼개어 볼수록 얻을 수 있는 인사이트가 커집니다. 특정 광고 크리에이티브가 성공적이었다면, 원인이 되었을 만한 조건을 잘게 쪼개어 분석해봐야 핵심 요인이 무엇이었는지 확인할 수 있습니다. 예를 들어, TV 광고에서는 미인Beauty, 아기Baby, 동물Beast의 3B가 등장하면 효과가 좋다는 정설이 있습니다. 데이터로 검증된 사실은 아니지만 어느 정도 소비자 시선을 끄는 데 도움이 되는 것은 사실이라 생각합니다. 이와 같이 크리에이티브의 효과와 긍정적 영향 요인을 발견할 수 있으려면 크리에이티브 소재를 유형, 길이, 모델, 배경, 소구 등 더 세부적인 구성요소로 나누고, 이를 달리 적용했을 때 효과가 어떻게 달라지는지 확인해야 합니다.

안타까운 점은 전통적인 광고매체 크리에이티브는 이렇게 소재를 다양하게 만들기도 어려울뿐더러, 소재별 효과를 측정해서 비교하기가 현실적으로 불가능하다는 것입니다. 물론, TV 광고 영역에서도 광고를 디지털 방식으로 송출하고 오디언스 데이터 기반의 타기팅이 가능한 어드레서블 TV Addressable TV 기술이 개발되어 있습니다. 아직 우리나라에서는 정책적인 부분이나 관련 조직의 이해관계가 얽혀 아직 실험 단계에 머물러 있지만, 머지않은 시기에 보편화될 것으로 보입니다.

물론 디지털 미디어 영역의 광고 크리에이티브에서는 이미 다양한 데이터 기반 분석이 이루어지고 있습니다. 특히 퍼포먼스 마케팅의 DA 광고나 영상 광고에서 주로 활용됩니다. 크리에이티브 아이디에이션 단계에서부터 기존에 광고 효율이 높던 소재의 특징을 세분화하고, 기여도가 높던 요소들을 지속적으로 테스트하면서 최적의 조합을 만들어가는 것입니다. 이런 일은 광고를 만드는 크리에이터나 디자이너, 영상 제작자들이 직접 하기보다는 기획자들이 주로 하지만, 크리에이티브 아이디어를 내고 광고물을 만들기 전에 크리에이터들에게도 최적의 조합에 대한 가이드라인과 그 결과가 항상 공유되어야 합니다. 그래야 지속 가능한 크리에이티브 개선이 가능해집니다.

다음 [표 8.3]은 디지털 광고회사의 기획자나 퍼포먼스 마케터라면 지겹도록 보고 있을 스프레드시트 화면입니다. 크리에이티브 소재의 목적과 종류에 따라서 반응한 사람과 신규 이용자, 이탈자 수, 세션과 체류 시간, 더 나아가 클릭률과 클릭당 단가와 같은 소재별 예산까지

Ad Content	Users	New Users	Sessions	Bounce Rate	Pages / Session	Avg. Session Duration	Ecommerce Conversion Rate	Transactions	Revenue	Spend	CPC	CTR
Retargeting												
Complete Product page visitors												
complete-product-website-visitors-carousel-concept-4	44	28	51	0.00%	0.96	0:00:00	0.00%	0	$0.00	$212.55	$4.87	0.28%
complete-product-website-visitors-concept-1-complete-laptop-v1	63	38	80	0.00%	1.29	0:00:41	0.00%	0	$0.00	$69.85	$1.11	0.38%
complete-product-website-visitors-concept-10-gif-v1-logo	42	30	56	0.00%	1.16	0:00:10	0.00%	0	$0.00	$59.53	$1.42	1.15%
complete-product-website-visitors-concept-10-gif-v2-unboxing	16	14	16	0.00%	1	0:00:00	0.00%	0	$0.00	$11.63	$0.73	3.82%
complete-product-website-visitors-concept-3-gif	152	108	189	1.06%	1.46	0:00:19	0.00%	0	$0.00	$342.77	$2.26	0.83%
complete-product-website-visitors-concept-5-gif-v2-unboxing	7	5	7	0.00%	1.71	0:00:50	0.00%	0	$0.00	$22.46	$3.21	0.98%
complete-product-website-visitors-concept-6-carousel	3	3	3	0.00%	1	0:00:00	0.00%	0	$0.00	$6.49	$2.16	6.10%
complete-product-website-visitors-concept-8-gif-v1-logo	189	54	269	0.00%	1.27	0:00:35	0.00%	0	$0.00	$359.67	$1.90	0.90%
complete-product-website-visitors-concept-8-gif-v2-unboxing	105	12	140	0.00%	0.96	0:00:22	0.00%	0	$0.00	$213.38	$2.03	1.15%
complete-product-website-visitors-lifestyle-carousel-v2-cnet	14	10	14	0.00%	1.36	0:00:07	0.00%	0	$0.00	$2.29	$0.16	
complete-product-website-visitors-lifestyle-carousel-v3-flixit	42	16	51	0.00%	1.37	0:00:27	0.00%	0	$0.00	$108.52	$2.58	0.23%
TOTAL	677			0.10%	1.23	0:00:19		0	$0.00	$1,409.16	$2.08	0.98%
Website Visitors Desktop	website-visitors-180-days-concept-10-gif-v1-logo	23	12	33	0.00%	1.91	0:00:13	0.00%	0	$0.00	$59.73	$2.60	0.59%
	website-visitors-180-days-concept-7-gif-v2-unboxing	5	2	9	0.00%	1	0:00:00	0.00%	0	$0.00	$46.64	$3.33	0.57%
	website-visitors-180-days-concept-8-gif-v1-logo	40	23	45	0.00%	1.16	0:01:06	0.00%	0	$0.00	$128.64	$3.22	0.74%
TOTAL	68			0.00%	1.36	0:00:26		0	$0.00	$205.01	$3.05	0.63%
Configuration page visitors	configuration-page-visitors-carousel-concept-4	145	108	196	1.53%	1.74	0:00:25	0.00%	0	$0.00	$299.40	$2.06	0.34%
	configuration-page-visitors-concept-10-gif-v1-logo	101	77	126	0.00%	1.34	0:00:07	0.00%	0	$0.00	$153.42	$1.52	1.00%
	configuration-page-visitors-concept-10-gif-v2-unboxing	94	52	119	2.52%	1.29	0:00:43	0.00%	0	$0.00	$143.07	$1.52	1.73%
	configuration-page-visitors-concept-3-lifestyle-carousel	2	0	2	0.00%	1	0:00:00	0.00%	0	$0.00	$2.35	$1.18	0.12%
	configuration-page-visitors-concept-5-gif-v1-logo	169	124	234	0.85%	1.25	0:00:21	0.00%	0	$0.00	$366.92	$2.17	1.00%
	configuration-page-visitors-concept-6-carousel	7	3	7	0.00%	1	0:00:00	0.00%	0	$0.00	$58.81	$8.40	0.25%
	configuration-page-visitors-concept-7-gif-v2-unboxing	42	26	49	0.00%	1.24	0:00:02	0.00%	0	$0.00	$77.87	$1.86	1.39%
	configuration-page-visitors-lifestyle-carousel-v2-cnet	12	9	26	0.00%	1.54	0:00:52	0.00%	0	$0.00	$17.51	$1.46	0.53%
	configuration-page-visitors-lifestyle-carousel-v3-flixit	40	28	51	3.92%	1.2	0:00:40	0.00%	0	$0.00	$98.23	$2.46	0.41%
	configuration-website-visitors-concept-3-gif	103	96	128	0.00%	1.02	0:00:08	0.00%	0	$0.00	$255.34	$2.48	0.85%
TOTAL	715			0.88%	1.26	0:00:20	0.00%	0	$0.00	$1,473.02	$2.51	0.77%

[표 8.3] 광고 소재별 크리에이티브 분석 데이터 예시

세분화한 자료이지요. 실무자들은 이 데이터로 소비자를 트래킹하면서 최적의 소재를 찾고 지속적으로 효율을 관리하게 됩니다. 퍼포먼스 마케팅 실무에서 늘 하는 일이지만, 이제는 브랜딩 광고를 넘어서 자사 플랫폼 내의 상세페이지 디자인과 콘텐츠 효과를 판단하는 데까지 데이터로 측정하고 평가하는 대상을 확장해야 합니다.

소셜미디어의 다양화와
크리에이티브 아이디어 개발

소셜미디어의 등장과 브랜디드 콘텐츠branded content의 활성화 역시, 콘텐츠 크리에이티브 영역에서 데이터를 필수적으로 활용하는 환경이 조성되는 데 기여했습니다. 콘텐

츠 기획 단계에서부터 소비자는 무엇을 원하는지, 어떤 트렌드에 반응하는지, 브랜드 및 제품과 관련해서 어떤 대화를 주고받는지를 분석하는 것은 크리에이티브 아이디어 도출에 큰 도움을 줍니다. 아울러 잘 만들어진 브랜디드 콘텐츠가 알맞은 타깃 오디언스에게 노출되었는지를 분석하고, 그 결과를 다음 콘텐츠 크리에이티브 개발에 활용하는 일은 데이터 드리븐 크리에이티브에 기본이 되었습니다.

브랜드 영상도 예전에는 그저 조회 수만을 목표로 했다면, 이제는 타깃 오디언스에게 정확히 노출하고, 영상 시청이 유의미한 시간 동안 이어질 수 있도록 영상 내용 자체를 모니터링하고 빠르게 수정할 수 있습니다. 유튜브 채널 관리 페이지인 유튜브 스튜디오에서는 사용자가 업로드한 영상에 대한 다양한 인사이트를 제공하는데, 이 데이터 분석 기능으로 영상의 내용까지도 최적화할 수 있게 되었습니다. 다음 페이지의 [그림 8.8]은 유튜브 스튜디오의 데이터 분석 화면으로, 영상을 시청한 오디언스의 지역별·연령별 기본적 통계지표뿐만 아니라 시청 지속 시간, 상승 구간까지 분석하므로, 영상의 몰입도 분석이 가능합니다.

이 자료로 시청자가 영상을 끝까지 시청하는지, 급격히 빠져나가는 지점은 어디인지, 중간에 시청자가 급상승하거나 반복 시청하는 구간은 어떤 장면이며, 반대로 급격하게 하락하는 구간은 어디인지를 확인합니다. 이렇듯 영상 스토리의 시청자 몰입도를 분석하면서 내용을 수정하거나 최적화해 나갑니다. 이런 영상 분석 데이터가 계

Studio

Key moments for audience retention

(Intro) (Top moment) (Spike)

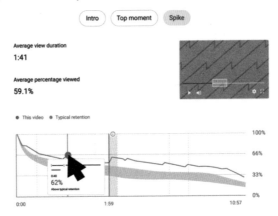

Average view duration
1:41

Average percentage viewed
59.1%

● This video ● Typical retention

0:46
62%
Above typical retention

100%
66%
33%
0%

0:00   1:59   10:57

 차트의 선이 수평이라면 시청자가 해당 부분을 처음부터 끝까지 본다는 뜻입니다.

 점진적인 감소는 시청자가 시간이 지나면서 관심을 잃는다는 뜻입니다. YouTube의 동영상은 대체로 재생되는 동안 차츰 관심이 줄어드는 경향이 있습니다.

 상승 구간은 동영상 내의 해당 부분을 시청하거나 반복 시청하거나 공유하는 사용자가 많을 때 표시됩니다.

 하락 구간은 동영상의 해당 부분에서 시청을 중단하거나 건너뛰는 시청자가 많다는 뜻입니다.

[그림 8.8] 유튜브 스튜디오 동영상 시청 몰입도 분석 화면

마케팅을 바꾸는 데이터의 힘

속 축적되면 향후 콘텐츠나 영상 광고 크리에이티브 아이디어를 개발할 때에도 스토리를 최적화하는 데 매우 유용한 인사이트를 얻을 수 있습니다.

앞으로는 TV 광고의 영역에서도 마찬가지로 데이터 인사이트 기반의 크리에이티브 아이디어 도출과 측정, 최적화가 가능해질 것이라 기대합니다. 현재 기술로도 모바일 광고 ID와 연동해서 TV 광고에 노출된 소비자를 전환까지 추적할 수 있지만, 분석에 상당한 노력과 시간이 필요합니다.

하지만 지금도 데이터를 활용할 방법은 많습니다. 퍼스트 파티 고객 행동 데이터로 고객 페르소나를 분석하거나 서드 파티 데이터로 시장과 경쟁사 트렌드를 파악하는 것을 넘어, 다음 [그림 8.9]의 리스닝마인드Listening Mind와 같은 소비자 검색 트렌드 분석 사이트를 활용해 소비자들의 관심 키워드를 파악할 수도 있습니다. 이를 크리에이티브에 적용한 광고를 집행한 후에는 소셜 리스닝social listening* 도구를 활용해 소비자 반응을 분석할 수도 있고요. 소비자 반응 분석과 함께 검색량 추이, 유튜브에서 관련 콘텐츠를 열람한 수치, 자사 플랫폼 방문자와 그들의 행동 데이터 등 직간접적으로 연계해서 분석할 데이터는 차고도 넘칩니다.

크리에이티브 영역에서의 데이터 활용은 전문적 분석 기법이나

---

* 소셜미디어에서 브랜드와 관련된 모든 대화를 추적해서 제품 및 서비스를 개선하는 방식을 말한다.

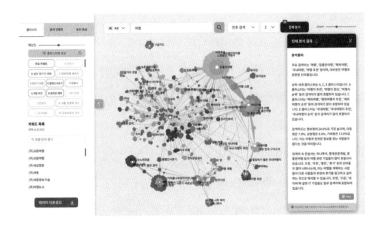

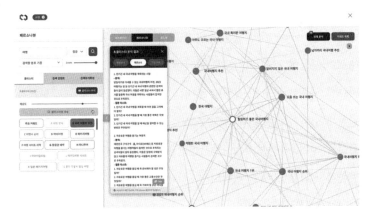

[그림 8.9] 어센트 코리아의 리스닝마인드 패스파인더(고객 구매 여정 파악 기능) 화면

마케팅을 바꾸는 데이터의 힘

툴을 활용하는 능력보다는 소비자의 마음을 이해하고 그들의 행동에서 인사이트를 얻고자 하는 의지와 노력이 중요합니다. 아직은 많은 크리에이터가 어떤 데이터를 확보할 수 있고, 어떤 데이터가 소비자를 이해하는 데 도움이 되는지, 즉 소스source와 기대되는 인사이트를 정확하게 알지 못할 뿐입니다. 손쉽게 확보할 수 있는 데이터의 종류는 상당히 많으므로 데이터 활용에 조금만 관심을 가진다면 크리에이티브 영역에서도 데이터 드리븐 크리에이티브에 대한 관심과 시도가 더욱 많아질 것이라고 기대해봅니다.

데이터, 광고업계에
과학을 더하다

크리에이티브 영역에서 데이터의 중요성은 단순히 노동집약적인 단순한 작업을 대체한다는 기능적 수준만을 이야기하는 것이 아닙니다. 그동안 사람의 직관과 경험에 지나치게 의존했던 의사결정 관행에서 벗어나, 사람의 눈으로는 발견할 수 없던 새로운 트렌드와 패턴, 숨은 의도를 파악할 수 있다는 가치가 훨씬 더 큽니다. 데이터 기반 크리에이티브 분석이 비즈니스에 가져다주는 이점은 크게 네 가지로 나뉩니다.[3]

첫째, 크리에이티브 분석은 우리의 크리에이티브가 소비자의 관심을 계속해서 사로잡고 있는지를 판단하는 기준이 됩니다. 소비자들이 우리 브랜드에 진짜 기대하는 바가 무엇인지를 안다면, 틀에 박힌 유형의 크리에이티브를 반복하지 않겠지요.

둘째, 새로운 인사이트를 찾아내는 재미있고 창의적인 과정이 될 수 있습니다. 지금까지 몰랐던 소비자의 삶과 문화를 찾아 마케팅과 광고 캠페인에 적용할 기회를 얻습니다.

셋째, 크리에이티브 분석은 결과적으로 캠페인의 효율을 높이는 데 도움이 됩니다. 소비자가 어떤 유형의 콘텐츠와 광고에 반응하는지를 이해한다면, 어떤 유형의 크리에이티브와 메시지가 더 나은 반응을 이끌지 근거 기반의 의사결정을 할 수 있습니다.

넷째, 크리에이티브 분석은 마케팅 전략의 성공을 돕습니다. 데이터로 경쟁 구도를 정확하게 이해하고 그 가운데 우리의 강점과 약점을 명확하게 파악한다면, 치열하고 복잡한 경쟁 상황을 뚫어낼 만한 차별화된 전략과 크리에이티브를 도출할 수 있습니다.

한때 광고회사 내부적으로 광고는 과학인가, 예술인가를 두고 많은 논쟁이 있었습니다. 여전히 뚜렷한 결론이 나지는 않은 것 같습니다. 광고는 기본적으로 브랜드와 관련된 커뮤니케이션 지표를 상승시키고 궁극적으로는 제품 판매 증대를 목표로 하므로 과학이라고 볼 수도 있습니다. 반면에 제작팀에선 크리에이티브는 온전히 사람의 생각과 아이디어에 기대는 창의성의 영역이므로 예술적인 면이 강하다고 생각하는 경향이 있었습니다. 전통적인 마케팅과 광고 영역에서는 충분히 논쟁할 만한 주제였지만, 모든 것이 디지털화되어 측정되는 상황에서 크리에이티브는 여전히 예술의 영역에 가까울까요? 물론 여전히 사람의 창의력이 큰 힘을 발휘하지만 데이터의 도움으로 소비자가 훨씬 더 공감하고 긍정적으로 반응하는 아이디어를 도출할 수 있다면 굳이 예술의 영역을 고집할 이유는 없다고 생각합니다. 이제 크리에이티브가 과학적 예술이 되기를 기대해봅니다.

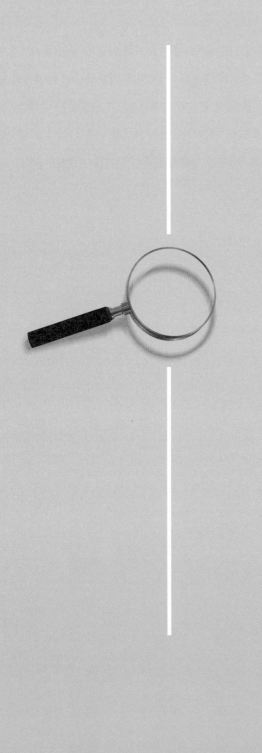

4부

데이터는
어떻게
기업의 무기가
되는가

9장

마케터의
데이터 활용 능력은
조직문화가
좌우한다

디지털 전환,
왜 어렵고 무엇이 필요할까?

디지털 전환에서
예산과 시간보다 중요한 것

　　　　　이제 모든 비즈니스는 디지털 기술로 운영되고, 소비자가 기업과 상호작용하는 과정 또한 디지털 기기와 채널에서 이루어집니다. 그 과정에서 수없이 많은 데이터가 생성됩니다. 데이터는 디지털 전환의 목표인 동시에 성공으로 이끄는 열쇠입니다. 데이터 안에는 우리가 그동안 알 수 없던 소비자, 시장, 경쟁사와 관련된 유용하고 가치 있는 정보들이 포함되어 있습니다. 데이터는 4차 산업혁명을 이끌어가는 핵심 자원으로서, 비즈니스에서의 중요성을 강조하기 위해 21세기의 원유로 비유되기도 합니다.

　　　　　전 세계 제조업 분야의 디지털 전환 전문가 850여 명을 대상으로

한 아비바AVEVA의 조사 결과에 따르면, 85%의 기업이 디지털 전환 및 지속 가능성에 투자를 늘리고, 기업의 최우선 과제로 배정할 것이라고 밝혔습니다.[1] 또한, 영국의 컨설팅 회사 PwC에서 매년 실시하는 CEO 조사 결과에서도 77%의 기업 CEO가 디지털 전환에 투자를 늘릴 것이라고 답변했습니다.[2]

그런데, 디지털 전환이라는 시대적 과제를 성공적으로 비즈니스에 도입하는 일은 그 중요도만큼이나 달성하기 어려운 과제인 듯싶습니다. 포레스터리서치Forrester Research의 조사 결과에 따르면, 사람의 직감이나 경험이 아닌 데이터에 근거해 비즈니스 의사결정을 내리는 비율은 여전히 50%에도 못 미친다고 합니다. 또한 응답자의 85%는 데이터 인사이트에 기반한 의사결정을 하고 싶다고 답변했지만, 이들 중 91%가 의사결정에 데이터를 활용하는 일을 매우 어려워하는 것으로 나타났습니다.[3]

많은 기업이 디지털 전환에 막대한 예산과 시간을 아낌없이 투자하고 있음에도 실제로 디지털 전환에 성공한 기업은 그리 많지 않습니다. 보스턴컨설팅그룹Boston Consulting Group의 조사 결과도 이런 상황을 그대로 보여줍니다. 디지털 전환을 추진하는 기업 중 실제로 디지털 전환에 성공하는 기업은 다음 [표 9.1]에서 보는 것처럼, 불과 30%에 지나지 않는다고 합니다.[4]

디지털 전환을 성공시키기가 이토록 어려운 이유는 무엇일까요? 도대체 디지털 전환의 실체가 무엇이길래 기업들의 수많은 투자와

마케팅을 바꾸는 데이터의 힘

디지털 전환을 시도한 기업의 30%만이 성공

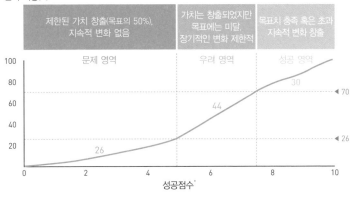

[표 9.1] 디지털 전환의 어려움

노력에도 불구하고 이렇게까지 성공시키기 어려운지 답답한 상황임은 분명해 보입니다. 여기에서는 디지털 전환이라는 주제를 마케팅에 초점을 맞춰 살펴보려고 합니다.

내가 속한 조직이 마케팅 측면에서 어느 정도 디지털 전환을 이루었는지 궁금하지 않으신가요? 간단하게 스스로 진단해볼 수 있도록 마케터의 업무 환경을 기준으로 열 가지 질문을 드려보겠습니다. 여

---

* 원 출처에 따르면 성공점수는 미리 설정한 목표를 정해진 시간 안에 달성하고 가치를 창출한 비율, 다른 변혁과 비교했을 때 성공한 정도, 지속 가능한 변화에 대한 목표 대비 도달한 정도 등을 기준으로 산정된다.

러분이 속한 회사의 상황을 생각하면서 '예' 또는 '아니오'로 답변하면 됩니다.

1. 회사의 마케팅 의사결정자나 CEO에게 데이터 기반 마케팅 환경 구축과 전문 인력 확보, 직원 교육의 의지가 있습니까? (O, X)

2. 마케팅 전략을 수립할 때 시장과 소비자, 경쟁사 상황에 대한 데이터를 확보할 수 있는 솔루션(또는 서비스)이 구비되어 있습니까?

3. IT 담당 부서가 데이터 분석에 적극 협조합니까? 마케팅 업무와 관련된 지원이 적극적으로 이루어지고 있습니까? (O, X)

4. 마케팅 활동의 정량적 목표 KPIs가 명확한 OKR Objective and Key Result 아래 수립되고 측정됩니까? (O, X)

5. 함께 일하는 관련 부서와 마케팅 전략 수립 및 실행에 도움이 되는 데이터를 필요와 목적에 따라 원활하게 공유합니까? (O, X)

6. 마케팅팀에 데이터 관련 솔루션을 직접 활용하고 데이터를 분석할 역량을 가진 전문가가 있습니까? (O, X)

7. 업무 수행에 필요한 데이터를 마케터가 직접 열람하고 분석할 수 있는 기술적 환경과 권한이 제공되고 있습니까? (O, X)

8. 마케팅팀 내부 또는 관련 팀과의 회의에서 '업무 리스트'가 아닌 '데이터 기반의 지표'를 두고 업무 진행 상황과 결과를 논의합니까? (O, X)

9. 유입된 고객의 모든 행동을 연결하여 데이터로 측정합니까? 실제 구매까지 전환되는 고객경험 과정을 고객별로 분석하고 개선합니까? (O, X)

마케팅을 바꾸는 데이터의 힘

10. 빠르게 변화하는 시장과 디지털 환경에 발맞춰 데이터 분석 환경과 지표를 융통성 있게 수정할 책임과 권한이 마케팅 실무자에게 주어져 있습니까? (O, X)

위 질문이 디지털 전환에 필요한 평가 요소를 모두 충족하지는 않지만, 실무에서의 경험과 지식에 비추어 데이터 기반 마케팅 활성화에 필요한 기본 요소를 열 가지로 구성해보았습니다. 이 중 몇 개 이상이 해당되어야 디지털 전환에 성공했다고 볼 수 있다고 통계적인 조건을 제시한다기보다는, 디지털 전환을 위한 기본적인 환경과 문화가 얼마나 준비되었는가를 판단하는 정성적 참고 기준이라고 보시면 좋겠습니다.

여러분이 속한 회사는 위 질문의 몇 가지 정도를 충족하나요? 질문 대부분에 '예'라고 대답할 수 있는 회사라면 이미 디지털 전환에 필요한 환경과 조건을 충분히 갖춘 셈입니다. 개인적으로는 최소한 일곱 가지 이상은 충족해야 데이터를 잘 활용하는 기업이라고 생각합니다. 이 정도로 준비된 기업이라면 잘 갖추어진 업무 환경에서 데이터 중심의 분석과 의사결정, 마케팅 실행만 꾸준히 지속해도 성공이 멀지 않을 것입니다.

우리 조직의
데이터 활용 체크리스트

데이터 기반 마케팅에는 당연히 다양한 종류의 데이터가 필요합니다. 마케팅의 시작부터 결과, 성과까지 모든 데이터를 종합적으로 분석해서 도출한 인사이트는 후속 마케팅 전략을 수립하고 실행하는 데 중요한 참고자료로 활용됩니다. 그러나, 아무리 양질의 데이터를 많이 보유했더라도 필요할 때마다 원하는 데이터에 자유롭게 접근해서 분석할 환경이 갖추어지지 않는다면 그 모든 데이터는 그림의 떡과 다름없습니다.

① 데이터의 파편화

개인적으로는 다양한 기업을 만나서 데이터 컨설팅 업무를 진행하고 있습니다. 그런데 데이터와 관련해서 거의 모든 기업이 예외 없이 꼽는 대표적인 고민이 바로 데이터의 파편화 문제입니다. 이미 오래전부터 비즈니스에 데이터를 활용해온 많은 기업이 데이터 파편화 이슈에서 벗어나지 못했습니다. 거의 모든 기업이 데이터의 중요성도 알고 열심히 데이터를 모았지만, 전사적인 데이터 정책 아래 효율적으로 데이터를 관리하기보다는 각 부서의 필요에 따라 개별적으로 데이터를 수집해서 운영해왔기 때문입니다.

고객경험 전 과정에 걸쳐서 마케팅 목적에 맞게 데이터를 분석하려면, 이 모든 데이터가 서로 유기적으로 연결되어 있어 손쉽게 접근

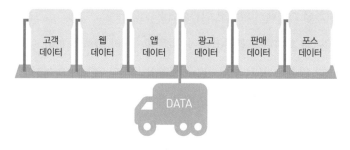

[그림 9.1] 부서별 데이터의 파편화

하고 분석할 수 있어야 합니다. 위 [그림 9.1]에서처럼 서로 다른 영역의 데이터가 아무리 많이 저장되어 있을지라도 유기적으로 연결되어 있지 않다면 데이터의 활용 가치는 떨어질 수밖에 없습니다.

한 기업의 온라인 쇼핑몰에 단골 고객이 있습니다. 이 고객은 인당 구매액 기준으로는 상위 5% 이내에 들어가는 충성도 높은 고객입니다. 하지만 이 회사는 온오프라인을 연계한 멤버십 프로그램이 없어서, 오프라인 포스POS 데이터와 온라인 쇼핑몰의 고객 ID를 통합하지 못했습니다. 그래서 이 고객은 온라인 쇼핑몰에서는 VIP 고객으로 각종 할인이나 추가 혜택을 받지만 오프라인 매장을 방문하면 일반 고객과 차별화된 혜택이나 대우를 받지 못합니다. 당연히 온오프라인 상관없이 고객 데이터가 연결되어 있어야 하지 않느냐고 반문하실는지 모르겠지만, 놀랍게도 온오프라인 데이터가 파편화되어 있는 기업이 상당히 많습니다. 브랜드명만 말해도 누구나 알 만큼 유명한 회사 상당수가 지금 이 시점에도 부서별, 유통채널별로 데이터가 파편화된 환경에서 일하고 있습니다.

데이터 파편화의 근본적인 원인은 데이터의 출처와 관리 주체가 저마다 달라, 기본적인 데이터의 구조와 데이터 세트가 일치하지 않기 때문입니다. 그렇다고 해도 일부 데이터는 연결할 수도 있지 않을까 기대해보지만, 데이터의 출처나 형태뿐만 아니라 관리 부서마다 사용하는 분류 체계와 식별자가 달라서 연결하기가 쉽지 않습니다. 최근 제일 자주 발생하는 데이터 파편화 사례는 고객을 식별하는 공통 식별자 이슈입니다.

예를 들어, 한 기업에서 광고로 유입된 고객 중, 제품을 구매했으나 환불을 신청한 고객을 따로 뽑아 분석한다고 가정해보겠습니다. 아래 [표 9.2]를 보면 광고 데이터(A)와 모바일 결제 데이터(B)에는 공통의 식별자인 매체 ID가 있어 두 데이터는 쉽게 결합할 수 있습니다. 하지만, 환불 데이터(C)에는 결제 시스템에 결제 ID만 남아 있습니다. 이 경우 B와 C를 공통 식별자인 결제 ID로 먼저 연결하고,

A. 광고 데이터

매체 ID	날짜	이름	비용
O			

B. 모바일 결제 데이터

매체 ID	결제액	결제 ID
O		▲

C. 환불 데이터

결제 ID	날짜	환불액
▲		

➔ 광고를 통해 유입되어 제품을 구매한 후 환불을 신청한 고객 데이터

결제 ID	결제액	매체 ID	날짜	이름	비용	날짜	환불액

[표 9.2] 공통 식별자를 활용한 파편화 데이터의 연결 예시

다시 A와 B를 공통 식별자인 매체 ID로 다시 묶으면 데이터가 결합되어 해당 고객의 유입·구매·환불 데이터가 완성됩니다.

이렇게 간단히 설명하면 어렵지 않은 작업 같지만, 실제 포스 결제 데이터에는 수백, 수천여 가지의 데이터 컬럼이 있습니다. 분석에 필요한 항목을 선별하고 공통의 식별자를 찾아 연결하는 작업은 생각보다 복잡하고 어려운 일입니다. 파편화된 데이터의 형식이 달라 연결 자체가 불가능한 경우도 많습니다. 최근 만난 중견기업도 각 가맹점 오프라인 결제 데이터와 온라인 채널별 주문 데이터를 매달 결합해서 집계하는 업무에만 과장급 이상 인력이 며칠을 붙들고 있어야 겨우 정리한다고 하소연하는 이야기를 들었습니다. 그것도 데이터의 양이 너무 많아서 스프레드시트가 자주 멈추기까지 한다며 한숨을 내쉬더군요.

② 데이터 분석 도구의 문제

일찍부터 데이터 기반 마케팅에 관심을 가지고 분석 환경을 갖춰온 기업들도 고민이 없는 것은 아닙니다. 아무리 분석 도구가 잘 갖춰져 있어도 이 도구를 잘 활용할 조직과 인력이 필요하고, 빠르게 변하는 환경과 기술에 맞춰 분석 도구 역시 계속해서 업그레이드해야 하기 때문입니다. 데이터 분석 도구의 문제는 다시 크게 둘로 나뉩니다. 첫째는 오래전부터 활용해온 내부 구축 시스템의 확장성 및 지속 가능성의 한계이며, 둘째는 데이터 분석 도구의 파편화입니다.

주로 대기업이나 오랜 기간 탄탄하게 성장해온 중소기업에는 전사 자원 관리 시스템 외에도 별도의 데이터베이스 시스템이나 고객 관계 관리 시스템이 구축되어 있습니다. 내부에 개별 서버실을 갖춰 놓고 시스템을 직접 운영하는 등 외형적으로는 완벽해 보입니다. 사실 많은 기업이 데이터베이스 마케팅 붐이 일었던 1990년대 후반부터 CRM 시스템 도입이 대세로 여겨지던 2000년대 초중반까지 막대한 예산과 조직, 시간을 투입해서 자체적인 내부 시스템을 구축했었습니다.

내부 시스템을 잘 구축하면 될 것 같지만, 문제는 이 시스템의 사용성usability과 융통성flexibility에서 나타납니다. 기업의 자체적인 데이터베이스 시스템이나 CRM 시스템 구축에는 (규모에 따라서 차이는 있겠지만) 최소 수억에서 수십억에 이르는 비용이 들어갑니다. 문제는 구축 당시 각 부서의 의견을 수렴해서 시스템에 반영하려는 노력을 기울였어도, 조직의 실제 의사결정 과정이나 업무 프로세스가 제대로 반영되지 않아 정작 실무에서는 시스템이 배제되는 사례가 상당히 많았다는 점입니다. 무엇보다 외부 기술 환경이나 표준은 빠른 속도로 변화하는데, 개별 기업이 이런 변화를 미리 파악하고 대비해서 기존 시스템에 적용하기가 사실상 불가능에 가까웠습니다. 기업이 자체적으로 전담 부서와 전문 인력을 배치하고 끊임없이 모든 기술 발전에 능동적으로 대응하는 일은 개별 기업으로서는 감당하기 어려울 정도로 엄청난 시간과 비용을 요구합니다.

마케팅을 바꾸는 데이터의 힘

또 다른 문제는 분석 도구의 파편화입니다. 이 문제는 앞에서 언급한 자체 구축 시스템에서 발생하는 문제라기보다는 최근 가장 많이 활용되는 클라우드 시스템 환경의 사스 솔루션을 구독하는 경우라도 발생할 수 있는 대표적인 이슈입니다. 일반적으로 데이터를 분석할 때에는 측정 툴, 분석 툴, 개인화 마케팅을 위한 액션 툴을 함께 활용해야 합니다. 그런데 문제는 각 영역의 툴을 제공하는 전문 회사가 서로 달라서, 사용자 인터페이스 또한 제각각이라는 점입니다. 실무자가 적어도 솔루션 세 가지의 서로 다른 인터페이스와 활용 방법에 익숙해져야 한다는 이야깁니다.

또한 각 툴마다 정해진 사용료를 따로 내야 하는데, 툴마다 서로

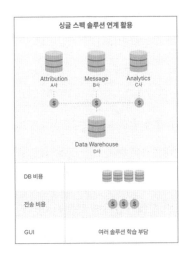

[그림 9.2] 분절된 싱글 스펙 솔루션 연동과 사스 기반 통합형 CDP 디파이너리 비교[5]

다른 클라우드 서버를 이용하므로 분석 데이터 세트를 활용하기 위해 다른 툴로 옮길 때마다 해당 트래픽만큼의 사용료를 추가로 내야 합니다. 여기에 데이터 통합 관리를 위해 데이터 웨어하우스를 활용한다면 훨씬 더 큰 비용이 추가됩니다. 그리고 간혹 데이터를 활용하는 과정에서 데이터가 불일치하거나 오류가 발생하면 해당 문제가 어떤 툴에서 발생한 문제인지 확인하기도 어렵거니와, 국내에 대응 조직이 없는 외국산 툴이라면 고객센터에 문의해도 답변을 받기까지 상당히 오랜 시간이 걸립니다. 근본적인 문제 해결이 어려운 경우도 물론 많습니다.

현업에서 이렇듯 분석 도구의 파편화 문제에 이슈가 많이 제기되다 보니, 고민의 결과로 등장한 대안이 바로 고객 데이터 플랫폼, 즉 CDP입니다. CDP를 활용하면 비용 또한 크게 절감되어 사스 기반의 통합형 CDP를 도입하는 기업이 빠르게 늘어나는 추세입니다.

③ 관련 조직 간 협업의 어려움

데이터를 활용하는 서로 다른 부서 간 협업의 어려움은 이미 오래된 일이다, 문제를 인식하고 있다고 해도 해결하기 참 힘듭니다. 최근 컨설팅을 진행한 한 기업의 사례로 현실적인 상황을 설명해보겠습니다. 이 기업은 이름만 들으면 알 만한 대기업이며 웹뿐만 아니라 모바일 앱에서도 서비스를 제공합니다. DAU와 MAU도 상당한 규모이며, 유입 고객의 데이터를 측정할 솔루션도 도입한 상태입니다.

마케팅을 바꾸는 데이터의 힘

그러나 담당자가 변경된 이후로 측정 솔루션을 활용조차 하지 않고 거의 방치한 상태였고, 데이터 분석의 목적이 불명확해서 고객의 유입 경로와 고객경험, 행동 데이터를 수집할 설계도가 전혀 없었습니다. 담당자가 없지도 않고 예산이 부족하지도 않으며 솔루션도 도입했는데, 데이터를 전혀 활용하지 못하는 상황이 의아할 정도였습니다.

실무팀과 심층 면담을 진행하고서야 기업이 처한 상황을 명확하게 파악할 수 있었습니다. 앱 내 고객 행동 데이터가 전혀 수집되지 않았던 겁니다. 측정 솔루션을 도입한 팀은 DA를 비롯한 디지털 마케팅 및 광고를 담당했기 때문에, 진행되는 캠페인 광고의 효율만을 측정하고 있었고, 이후 고객경험 과정의 데이터는 수집하거나 분석하지 않고 있었습니다. 더 놀랐던 점은 데이터 측정 툴을 활용하던 디지털 광고 담당자가 다른 부서로 발령 나면서 그나마 진행되던 유입 고객 분석 업무조차 중단된 상태였습니다.

면담 후, 해당 서비스를 활성화하려면 앱 내 고객 동선에 따른 행동 데이터를 수집해야 하며, 먼저 이벤트 텍소노미Event Taxonomy*를 설

---

* 여기서 '이벤트'란 고객이 웹이나 앱 서비스 내에서 이동하는 동선을 비롯해, 클릭, 영상 재생, 스크롤, 제품 상세페이지 열람, 장바구니 담기, 결제 등 데이터 수집의 대상이 되는 일련의 행위를 말한다. '텍소노미'는 생물학에서 사용하던 생물 분류 체계에서 비롯된 말이다. 이벤트 텍소노미는 이 두 단어를 합한 말로, 서비스 또는 플랫폼 내에서 고객의 어떤 이벤트를 측정할지, 각각의 이벤트에 어떠한 속성을 부여할지를 정의하고 데이터 분류 체계를 설계하는 작업을 의미한다.

계한 뒤 이를 기준으로 태깅^{Tagging*} 작업을 해야 한다고 안내했더니 회의에 참석한 팀 구성원 모두가 난감해하는 것이었습니다. 서비스 중인 앱의 데이터 측정 및 분석 툴 사용 권한은 디지털 마케팅팀에 있기에 해당 팀에서 동의해줄지 걱정하는 눈치였습니다. 아무래도 다른 팀 영역을 침범하는 것 같아 조심스러워하는 듯했습니다.

내부 협업과 사용 권한 등의 이슈가 있었지만, 서비스를 활성화하려면 꼭 필요한 과정이었기에, 몇 차례의 인터뷰와 협의를 거쳐 이벤트 텍소노미를 완성했습니다. 그러나, 바로 또 다른 장벽에 부딪혔습니다. 태깅 작업을 하려면 IT팀의 도움이 필요한데, IT팀이 마케팅 관련 개발 업무에 인력을 투입할 여력이 없다는 것이었습니다. 결국 몇 개월을 기다린 후에야 어렵게 IT팀의 지원을 받아 태깅을 진행할 수 있었습니다.

[그림 9.3]과 같이 데이터 분석이 필요한 마케팅팀도, 시스템을 안정적으로 운영해야 하는 IT팀도 각자 본연의 업무에 최선을 다해야 하므로, 협조 요청이 들어오는 업무는 자연스럽게 우선순위에서 밀립니다. 게다가 IT팀은 다른 팀의 요청에 따라 시스템에 무언가를 태깅하거나 코드를 심는 일에 극히 민감한 편입니다. 시스템 내에 다른 기술적 요소가 적용되었을 때 문제가 발생할 가능성도 배제할 수 없

---

* 준비된 이벤트 텍소노미에 따라서 이벤트가 발생하는 각 지점의 프로그램 소스에 측정을 위한 코드를 입력하는 작업을 말한다. 대부분 개발언어가 필요하기 때문에 개발자가 맡아 프로그래밍한다.

[그림 9.3] IT팀과 마케팅팀의 데이터 협조가 어려운 이유

기 때문입니다.

또한 같은 마케팅 부문이라고 할지라도 팀별로 직능과 역할이 분명하게 나누어져 있어서 데이터 접근 권한과 관리 책임 여부에 따라 협조 또는 승인을 얻어야 하는 경우도 많습니다. 여기에 부서별 솔루션 사용 비용을 분담하는 문제까지 얽히면 협업은 더욱 어려워집니다. 전사 차원의 마케팅 의사결정자가 명확하게 기준을 정해주지 않으면 데이터를 활용하는 일 자체가 어려워집니다.

그래서 디지털 전환의 성공에는 CEO와 리더의 역할이 가장 중요합니다. 디지털 전환의 비전과 방향성 제시도 중요하지만, 조직 내부에 만연한 관료주의나 수동적인 분위기를 걷어내는 일이 특히나 중요합니다. 또한 새로운 시도에 따른 실패의 부담감을 줄이고, 이를 통해 배우려는 마인드를 공유하는 문화를 만들어야 합니다.[6] 다른 부서에서 협조를 요청할 때, 약간의 불편함이나 부서 이기주의 때문에 해야 할 일을 미루거나 회피해서는 안 되며, 당사자 간 해결이 어렵다면 의사결정자들에게 도움을 적극적으로 구해야 합니다.

④ 심리적·문화적인 저항

사람은 얻을 것에 대한 기대보다는 잃을 것에 대한 두려움이 크다고 합니다. 이를 심리학에서는 손실 회피loss aversion라고 부릅니다. 아무리 세상이 디지털 중심으로 빠르게 변화하고, 비즈니스에도 디지털 전환이 필요하다는 사실을 인정하더라도, 실제 내가 하는 업무와 프로세스가 바뀌고 편안한 일자리를 빼앗길지도 모른다는 현실에 의외로 많은 사람이 적지 않은 부담감과 저항감을 나타냅니다.

맥킨지앤컴퍼니에서 실시한 조사에 따르면, [표 9.3]에서와 같이 디지털 전환에 걸림돌이 되는 첫 번째 요소가 문화·행동적인 저항이었으며, 그다음이 디지털 트렌드에 대한 이해 부족이었습니다. 인프

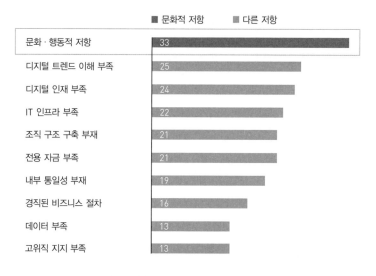

[표 9.3] 데이터 전환에 가장 큰 어려움

라보다는 심리적·문화적 저항 요소가 더 컸지요.[7]

조금은 시간이 지난 일입니다만, 제가 근무했던 대기업에서 일하는 후배와 나누었던 대화가 떠오릅니다. 대기업이 가장 앞장서서 디지털 중심의 변화와 혁신을 주장하면서도 왜 적극적인 대응과 변화가 늦어지는지에 관한 대화였습니다. 후배는 저에게 이런 질문을 했습니다. 대기업에는 학력도 좋고, 소위 스펙도 좋으며 업무 역량도 뛰어난 직원이 상당히 많은데, 유독 디지털 전환이 쉽게 진행되지 않는 이유가 뭐라고 생각하느냐고 말입니다. 저는 변화에 대한 막연한 두려움이 가장 큰 원인이 아닐까 생각한다고 대답했습니다. 후배는 이런 제 말에 동의하면서도 무엇보다 '변화된 세상에서도 자신의 역할과 자리가 보장되는가?'에 대한 불확실성 때문이라고 이야기했습니다.

충분히 이해되고 공감이 가는 이야기였습니다. 디지털 전환에 따른 새로운 프로세스가 분명 업무 효율을 높여주리라는 기대도 있지만, 정작 자신의 고용 안정성에 부정적인 영향을 주지는 않을까 하는 염려는 상당히 클 수밖에 없습니다.

최근 등장한 생성형 AI인 챗GPT와 관련해서 전통적 방식에 익숙한 기성세대의 걱정이 이만저만이 아닙니다. 심지어 실무자들조차도 챗GPT가 내 일자리를 빼앗을 것인지를 걱정하는 분위기입니다. 개인적으로는 앞으로 어떠한 기술이 새롭게 적용된다고 하더라도, 이 기술을 어떻게 활용할지가 중요하다고 생각합니다. 디지털 전환은 아날로그를 대체하는 게 아니라 디지털 방식으로 변화하는 것이며,

지금까지 해오던 일을 더 효율적이고 효과적으로 할 수 있도록 도와줍니다.

따라서 기업의 리더들은 실무자들의 막연한 불안감을 해소하기 위해 더욱 노력해야 합니다. 기업의 특성에 맞게 구체적인 비전을 제시하고, 고용 안정성을 약속해야 합니다.

데이터를 잘 활용하는 기업은 무엇이 다를까

데이터 마케팅과 데이터 활용의 성공 사례를 보면, 성공하는 기업에는 이유가 있습니다. 각자가 처한 상황에 따라 조금씩은 다르겠지만, 공통적인 특징 몇 가지를 살펴봅시다.

① 사업 준비 단계에서부터 데이터 분석을 위한 체계를 설계합니다

사내 정책과 분석 도구에 명확한 권한과 책임을 미리 명시해두면 데이터와 관련된 이슈가 발생할 때마다 개별 대응하지 않고도 안정적으로 업무를 추진할 수 있습니다.

② 비즈니스를 MVP에서 시작합니다

대부분의 데이터 마케팅 성공 사례는 소비자 문제 해결의 관점에서 가장 핵심이 되는 기능부터 출시하고, 끊임없이 데이터를 분석하

　　　　　마케팅을 바꾸는 데이터의 힘

며 최적화해나가는 과정에서 나옵니다.

③ 데이터 관련 조직, 인원, 프로세스를 일상 업무에 적용합니다

규모에 상관없이 모든 업무를 데이터 관점으로 바라보고 집중할수 있는 전담 조직과 인력 확보는 기본입니다. 더 나아가 기업의 모든 부서와 구성원이 데이터 중심으로 업무를 진행할 때 디지털 전환이 성공할 수 있습니다.

④ 문제 발견과 해결 중심의 협업 문화가 정착되어 있습니다

어떤 현상의 발견에서부터 그 원인과 해결책을 찾아가기까지 담당 업무와 부서에 상관없이 협업할 수 있는 문화가 필요합니다. 데이터를 활용해 빠르게 원인을 파악하고 해답을 찾아가는 협력 문화가 활성화되어 있어야 합니다. 앞서 이 책에서 린 스타트업과 애자일 문화를 강조한 이유도 여기에 있습니다.

⑤ 제품 중심이 아닌 고객 중심으로 데이터를 바라봅니다

지금까지 기업이 데이터를 활용하는 목적은 업무 효율 향상에 집중되었습니다. 하지만 데이터는 고객이 브랜드를 만나고 구매를 일으키는 모든 과정과 행동 데이터를 분석하는 데 집중되어야 비즈니스와 고객경험을 다 잡을 수 있습니다.

⑥ 부서 간 데이터 파편화를 해소하고 통합적으로 활용합니다

고객은 구매 과정에서 기업의 관련 부서를 따로따로 상대하지 않고, 해당 기업과 브랜드 하나만을 상대합니다. 또한 고객경험은 순서에 따라 나뉘지 않고 하나로 연결된 과정입니다. 따라서 각 부서가 관리하는 데이터, 구매 과정의 모든 데이터를 고객 의사결정 과정을 기준으로 통합하고, 모든 부서에서 연결해서 활용할 수 있어야 합니다.

⑦ 누구나 쉽게 데이터에 접근하고 분석할 수 있는 권한을 갖습니다

민감한 개인정보를 제외한 대부분의 고객 데이터는 부서나 직급에 상관없이 직접 접근해서 분석할 수 있도록 하는 것이 좋습니다. 매출을 분석하더라도 고객 유형, 유입 매체, 유통채널, 제품 유형 등을 다차원으로 분석할 때 데이터의 활용 가치가 높아지고 업무 적용 범위가 넓어집니다.

⑧ 끊임없는 테스트와 빠른 적용으로 개선을 일상화합니다

데이터의 활용은 한두 번에 끝나는 단발성 이벤트가 아니라 지속해서 이어지는 과정입니다. 데이터로 문제를 찾고 해결하는 과정은 끝이 아니라 계속 새로운 실험의 시작이어야 합니다.

⑨ 책임 영역 내의 이슈는 실무자 스스로 의사결정을 합니다

시급한 사안을 상부 보고 없이 실무자가 데이터 기반으로 의사결정한 후 선조치 후보고하는 문화는 빠른 서비스 개선과 높은 업무 효율을 만들어냅니다.

⑩ 철저하게 데이터 기반의 전략적 의사결정을 합니다

실무자부터 최종 의사결정자에 이르기까지 기존의 경험과 지식, 직감에 따른 결정을 배제하고, 모든 의사결정을 철저하게 데이터 기반으로 분석하고 결정합니다. 설령 목표를 달성하지 못하더라도 현상과 원인을 데이터로 객관적으로 분석하고 평가해야 개선할 기회가 생깁니다. 성공할 것 같은 느낌과 직관에 의존한 결정은 데이터의 가장 큰 적이며 더 나은 의사결정과 성장의 기회를 방해하는 걸림돌입니다.

10장

개인정보 보호는
고객과의
신뢰다

개인정보 제공,
혜택보다 위험이 더 크다면?

개인정보 보호 규제,
미리 알고 준비하자

4차 산업혁명은 연결성과 자동화를 기반으로 한 사이버 물리 시스템Cyber Physical System; CPS이 핵심이라고들 이야기합니다. 21세기에 들어서면서 눈부시게 발전한 IoT, 블록체인, 메타버스, 웹3.0부터 챗GPT, 미드저니 등을 필두로 한 생성형 AI에 이르기까지 모든 기술의 저변에는 엄청난 규모의 데이터가 혈액처럼 흐릅니다.

그러나 데이터가 일상생활에서 더 많이 활용될수록 우리가 간과해서는 안 될 부분이 바로 데이터 보안과 개인정보 보호 이슈입니다. 데이터의 상업적 활용이 보편화되고 기업들이 적극적으로 데이터를 활용하면서, 각종 데이터 사고 뉴스가 심심치 않게 등장합니다. 한순간의 방심이나 허술한 관리로 소중한 개인정보가 외부로 새어나가거나, 의도적으로 개인정보를 판매 또는 유출하는 등의 보안사고가 주를 이룹니다.

일반 시민들에게 항상 스트레스를 주는 보이스피싱이나 스미싱 등의 범죄도 불법적인 경로로 유출되거나 유통된 개인정보, 특히 전화번호와 가족관계 등을 활용한 사기 행각입니다. 지난 5년 간 우리나라에서 보이스피싱 피해액만 1조 7000억여 원[1]에 달한다고 하니 그 규모가 정말 엄청납니다.

다른 한편으로는 외부 유출이 아니더라도, 개인정보를 수집할 때 정보의 주체인 이용자에게 적극적인 동의를 구하지 않거나 정확하게 어떤 정보가 수집되는지를 파악하기 어렵게 숨겨놓는 경우에도 법적인 제재를 받을 수 있습니다. 실제로 2022년 9월 우리나라 개인정보보호위원회에서 구글과 메타를 대상으로 서비스 이용자의 행태 및 이용 데이터를 적법하지 않은 방법으로 수집했다는 이유로 약 1000억여 원의 과징금을 부과한 사례가 있습니다.[2]

이런 소식을 들으면 기업은 데이터를 다루기가 두려워질 수밖에 없습니다. 제대로 활용하지도 못하면서, 많이 쌓아놓기만 했다가 오히려 문제를 일으키면 어떡하나 하는 걱정이 듭니다. 하지만 개인정보 관리가 부담스러워 데이터 활용을 꺼린다면 데이터가 주는 엄청난 혜택과 가능성을 스스로 포기하는 셈입니다. 데이터 중심의 비즈니스 환경에서 살아남기 위해서라도 적극적인 대응이 필요합니다. 이미 우리나라는 아래 [표 10.1]과 같이 〈데이터 3법[3]〉이라는 명확한 데이터 활용 기준이 있습니다. 글로벌 시장을 고려한다면 미국 표준으로 인정받는 〈캘리포니아 소비자 프라이버시법California Consumer Privacy Act; CCPA[4]〉, 유럽의 〈일반 데이터 보호 규정General Data Protection Regulation; GDPR[5]〉 등의 가이드라인이 나와 있으므로, 해당 기준을 준수하고 내부 규칙과 관리 체계를 확립해두면 막연한 두려움을 가질 이유가 없습니다.

우리나라는 〈데이터 3법〉에서 특정 개인을 식별할 수 없도록 조치한 가명 정보, 즉 비식별 정보의 사용 가능 범위를 구체화했으며, 글

법률명	소관부처	주요 개정 내용
개인정보 보호법	행정안전부	· 가명 정보 개념 도입 및 동의 없이 사용 가능한 범위 구체화 · 가명 정보 이용 시 안전장치 및 통제 수단 마련 (EU GDPR 적정성 평가 및 승인 추진) · 개인정보 관리·감독 체계를 개인정보보호위원회로 일원화
신용정보법	금융위원회	· 신용 주체자의 본인 정보 통제 기능 강화 · 금융 분야 빅데이터 분석 및 이용의 법적 근거 명확화 · 마이데이터(MyData) 도입 및 금융 분야 규제 정비 ※개인정보를 본인이 스스로 관리, 정보 주체의 권리 행사에 따라 본인 정보 통합 조회, 신용·자산관리 등 서비스 제공
정보통신망법	과기정통부	· 개인정보 보호 관련 사항은 '개인정보보호법'으로 이관 · 온라인상 개인정보 보호 관련 규제와 감독 주체를 방송통신위원회에서 개인정보보호위원회로 변경

※ 자료 : 과기정통부/행정안전부/금융위원회 보도자료 정리

[표 10.1] 데이터 3법 개정안 주요 내용[6]

로벌 수준의 보안 기준을 적용하고 불필요한 중복 규제를 완화했습니다. 또한 법적인 기준 안에서 개인이나 기업이 데이터를 보다 적극적으로 활용함으로써 새로운 비즈니스 모델을 만들어내고, 정보를 더욱 투명하고 올바르게 활용할 저변을 확대하기 위해서 계속해서 법 개정을 이어가고 있습니다.

솔직함이 고객의
불안을 잠재운다

　　　　　　　　　　　기업이 데이터를 수집하고 활용하는 근본적인 목적은 데이터로 얻은 인사이트를 활용해 시장과 소비자를 이해하고 고객경험을 개선하며, 궁극적으로는 마케팅 효율을 극대화시켜서 매출을 증대하는 것입니다. 정보를 제공하는 소비자로서도 데이터를 제공함으로써 자신이 선호하는 제품이나 좋아하는 콘텐츠를 선별해서 제공받고, 원하는 제품을 원하는 시기에 추천받아 저렴하게 구입하는 등 다양한 개인화 마케팅의 혜택을 누릴 수 있습니다.

　이렇듯 올바른 데이터의 활용은 기업과 소비자 모두에게 긍정적인 편익을 제공하지만 데이터 관리 부실에 따른 피해는 기업보다 정보를 제공한 소비자 개인이 입습니다. 기업은 개인이 안심하고 필요한 정보를 제공할 수 있도록, 또한 이를 통한 혜택을 누릴 수 있도록

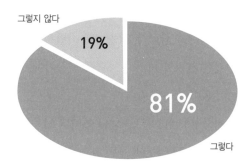

개인정보 제공 혜택보다 위험 요소가 더 크다

그렇지 않다
19%

81%

그렇다

[그림 10.1] 데이터 제공 편익에 비해 잠재적 위험이 더 크다고 느끼는 소비자

철저하게 관리할 책임이 있습니다. 그럼에도 잦은 데이터 보안 관련 사고는 소비자를 불안하게 만듭니다. 실제로 글로벌 조사기관인 퓨 리서치센터Pew Research Center의 조사에 따르면 미국인의 81%는 데이터 제공으로 얻는 혜택보다 잠재적 위협이 더 크게 느껴진다고 대답했습니다.[7]

이런 상황은 우리나라라고 크게 다르지 않습니다. 우리나라 개인정보보호위원회가 소비자시민모임 및 한국소비자연맹, 한국인터넷 진흥원과 함께 진행한 '개인정보 수집 디지털 기기에 대한 소비자 설문조사 및 실태점검'에 따르면 응답자의 88.7%가 일상생활 속 디지털 매체에서 수집한 개인정보의 유출을 우려한다고 답변했습니다.[8] 불안해하는 소비자들을 안심시키기 위해서라도 기업이 정보 보안에 각별하게 신경 쓰고 대비해야 할 이유가 분명해 보입니다.

기업이 데이터를 제대로 활용하면 소비자에게는 많은 혜택이 제공됨에도 불구하고 개인정보 보호에 대한 막연한 불안감은 기업의 데이터 리터러시*를 저해합니다. 그렇기에 기업은 더욱 적극적으로 소비자의 불안감을 해소할 다양한 노력을 기울여야 실용적인 목적 이상의 가치를 만들어낼 수 있습니다.

무엇보다 우선되어야 할 것은 기업의 데이터 활용에 대한 신뢰감 형성입니다. 복잡하고 긴 약관에 무슨 데이터가 어떻게 수집되는지를 깊숙하게 숨길 것이 아니라, 정확하게 어떤 데이터를 수집해서 어떻게 활용할 것이며 보상으로 어떤 혜택을 얻을 수 있는지를 명확하게 밝히는 것이 중요합니다. 더 나아가서 고객들에게 데이터 제공에 따른 실질적 혜택을 미리 제공하고, 완벽한 사용 동의를 얻어 제로 파티 데이터화하려는 노력이 중장기적으로 기업에 도움이 되는 전략적 접근이라고 할 수 있습니다.

또한 고객에게 개인정보 제공에 명확한 선택권을 부여하고 데이터 사용처를 투명하게 밝혀야 합니다. 확보하고자 하는 데이터의 종류와 수준을 구체적으로 설명하고 본인이 민감하거나 불편하다고 생

---

* 데이터를 제대로 활용하려면 데이터 리터러시가 필요하다. 일반적으로 리터러시literacy는 '문해력'이라는 뜻으로 해석되며, 글을 읽고 쓸 줄 아는 능력을 말한다. 하버드 비즈니스 스쿨Harvard Business School Online은 데이터 리터러시를 '데이터를 읽고, 이해하고, 다양한 방식으로 활용할 수 있는 개인의 능력'이라고 정의한다. Tim Stobierski, "Data literacy : An introduction for business," HBR Online, Feb 23, 2021, https://online.hbs.edu/blog/post/data-literacy

각하는 정보를 제외할 수 있도록 하되, 그 정보를 제공하지 않으면 어떤 혜택을 받을 수 없는지 설명해줌으로써 정보 제공을 거부하려는 마음에 작은 갈등을 일으키는 것입니다. 사실상 회원가입 등에서 요구하는 개인정보와 행동 데이터가 그다지 민감한 내용을 포함하지 않는 수준이라면 정보 제공에 대한 불안감보다, 제공하지 않아서 얻지 못할 혜택에 대한 상실감이 더 크게 느껴질 수 있습니다. 소비자는 단지 심리적인 반응을 넘어서 본인에게 어떤 선택이 유리할지 합리적인 판단을 할 것입니다.

그리고 가장 확실한 방법은 데이터 제공에 따른 혜택이 실질적으로 느껴지게 만드는 것입니다. 브랜드가 개인화 마케팅과 CRM으로 내 취향과 필요를 미리 알아서 대응해주고 세심하게 챙겨준다는 느낌을 받으면 고객 신뢰도와 만족도는 자연스럽게 높아질 수밖에 없습니다. 그리고 서비스에 만족한 고객은 충성고객이 되어서 시장에서 해당 브랜드의 적극적인 옹호자가 되기 마련입니다. 이처럼 개인정보는 투명하고 효과적으로 활용된다면 고객 관계를 강화하고 성장을 일으키는 원동력이 됩니다.

실제로 액센츄어인터랙티브의 조사에 따르면, 데이터를 활용해 자신을 알아봐주고 평소 관심 있던 제품이나 카테고리를 기억해서 관련 제품을 더 잘 보이게 배치하거나 추천해주는 곳에서 제품을 구매하겠다고 답변한 소비자가 무려 91%나 된다고 합니다.[9]

쿠키의 시대는 끝났다, 새로운 데이터 생태계

앞으로는 어떻게 개인정보를 수집할까

개인정보 보호와 데이터 활용은 마치 이율배반의 논리처럼 양립할 수 없는 명제로 보이기도 합니다. 앞으로도 개인정보와 관련해서 법률적 기준과 규제가 더욱 강화될 것으로 보이며, 고객 데이터를 다루는 플랫폼이나 모바일 사업자 역시 개인정보 보호를 강화하는 쪽으로 움직이고 있습니다. 따라서 앞으로 기업과 데이터 관련 실무자, 마케터는 글로벌 개인정보 보호 트렌드에 관심을 가져야 합니다.

앞서 말씀드렸다시피, 이미 웹 기반의 대표적인 데이터 측정 수단인 쿠키는 종말이 예고된 상황입니다. 모바일 데이터 측정의 핵심 식별자인 광고 ID 역시 개인정보 보호 규제가 강화되면서 많은 제약을 받고 있습니다. 개인정보 보호에 가장 적극적인 애플의 iOS는 이미 모바일 식별자인 IDFA 활용을 제한하고 있습니다. IDFA로 데이터를 수집하려면 반드시 모바일 단말기 이용자의 사전 동의를 받아야 합니다.

구글 역시 프라이버시 샌드박스[10] 정책을 발표하면서, [그림 10.2]와 같이 개인이 직접 제공 정보를 제한하거나, 관심사에 대한 정보 수집 여부를 선택할 수 있도록 합니다. 프라이버시 샌드박스는 온라인 개인정보를 보호함과 동시에, 기업과 개발자의 성공적인 디지털 비즈니스 구축을 돕는 도구를 개발하는 것을 목표로 합니다. 온라인 콘텐츠와 서비스를 모든 사용자에게 무료로 제공하면서도 사이트

[그림 10.2] 구글 안드로이드 OS 내 프라이버시 샌드박스 설정 화면

간, 그리고 모바일 앱 간 데이터 추적과 연결을 줄이겠다는 정책입니다. 그 노력의 일환으로 안드로이드 OS는 대안적인 개별 식별자를 개발하지 않고 코호트 및 개인의 관심사를 중심으로 타기팅하는 기술인 플록FloC이나, 이를 더 발전시킨 토픽스 API 등을 대안으로 제시했습니다.

이러한 움직임은 분명 지금까지 비교적 자유롭게 모바일에서 이용자 행동 데이터를 수집하고 마케팅에 활용하던 데이터 마케팅 전반에 많은 영향을 끼쳤습니다. 물론 개인정보 보호라는 차원에서는 긍정적인 변화이지만, 궁극적으로는 데이터 마케팅 활동에 여러 가지로 제약이 생긴 것입니다.

한편, 개인정보 보호 및 데이터 활용과 관련해서 항상 등장하는 주제는 거대 미디어 플랫폼의 데이터 독점 논쟁입니다. 거대 서비스 플랫폼은 소비자 데이터를 압도적으로 보유함으로써 산업의 주도권을 쥡니다. 그러나 소비자 데이터를 자신들의 생태계에 가두어 두고, 정

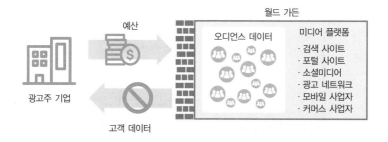

[그림 10.3] 대형 서비스 플랫폼의 고객 데이터 독점 현상

마케팅을 바꾸는 데이터의 힘

작 엄청난 광고비를 지불하는 광고주에게는 공유하지 않거나 극히 제한적으로 공유합니다. 그래서 이들 데이터 '공룡 플랫폼' 기업들을 옆의 [그림 10.3]에서처럼 월드 가든Walled Garden이라고 부릅니다.

소비자 모바일 데이터 측정과 활용의 중요한 축을 이루는 서비스 플랫폼 간 주도권 경쟁으로 정작 데이터 마케팅의 주체인 광고주 기업의 고충이 더욱 커지고 있습니다. 모바일 OS와 플랫폼 의존도를 벗어나려는 기업들의 D2C 행보도 결국 데이터 주도권을 가지려는 노력의 일환입니다.

데이터 주도권을 확보하려는 기업의 노력은 여기에서 한 발짝 더 나아가, 민간 기업끼리 협력하면서 자체적인 데이터 생태계를 구축

······· 암호화를 통한 고객 정보의 비식별 데이터화

[그림 10.4] 데이터버스 개념도

하려는 움직임까지 시작되고 있습니다. **민간 데이터 댐**Data Dam이라고 불리는 이 시도는 통합 고유unique 아이디를 사용해 개별 기업이 보유한 퍼스트 파티 데이터를 여러 기업이 공동으로 사용하는 방식입니다. 각 기업의 고객 데이터는 식별 정보이므로, 공유하고자 하는 고객 데이터를 암호화하는 등 비식별화해서 서드 파티 데이터처럼 공유해 함께 마케팅 활동에 활용하는 것입니다. 최근 들어 이와 같은 광고주 기업 간의 자체적인 제휴 협력 논의가 매우 활발합니다. DMP 기업들 또한 모바일 광고 ID의 변화에 발맞추어 DMP를 고도화하는 것과 함께 앞의 [그림 10.4]와 같이 적극적인 제휴 협력을 맺어 자체적인 비식별 데이터 생태계인 데이터버스Dataverse*를 구축하고 있습니다.

* 예를 들어, 아이지에이웍스는 민간 기업들과 전략적 제휴를 맺고 DMP에 준하는 소비자 정보를 암호화하여, 비식별화한 데이터를 제휴 관계에 있는 기업끼리 상호 공유한다. 통합된 고객 비식별 데이터를 마케팅과 비즈니스에 활용할 수 있도록 데이터버스 사업 또한 추진하고 있다. 여기서 데이터버스란 모바일 OS 중심으로 정책이 변해가면서 현재 활용하는 비식별 고객 행동 데이터에 제약이 심해질 것을 대비하여 민간 기업들이 주도해서 만든 새로운 대안적 데이터 비즈니스 모델을 말한다.

마케팅을 바꾸는 데이터의 힘

데이터가 흐르는 조직을
만들기 위하여

IDC International Data Corporation가 발표한 백서에 따르면, 성숙한 데이터 활용이 가능한 기업은 그렇지 못한 기업보다 매출이 세 배 이상 높았고, 신제품 및 서비스 출시 기간이 세 배 가까이 감소했으며, 고객 만족도, 수익 및 운영 효율성이 두 배 이상 향상했습니다.[11] 적극적인 데이터 활용이 비즈니스에 도움이 된다는 사실은 이제 더 설명할 필요가 없을 것 같습니다. 여기에서는 어떻게 해야 데이터를 잘 활용할 수 있을지에 집중했으면 합니다.

아래의 체크리스트는 데이터 기반 마케팅과 그로스 해킹의 성공 사례와 데이터 비즈니스 선도 기업들의 특징들을 리스트업하고, 실제 컨설팅 현장에서 만난 기업 임원이나 실무자가 공통적으로 토로한 고충을 반영해서 직접 선별해본 내용입니다. 각 문항을 총 5점 기준으로 여러분이 속한 조직의 데이터 성숙도를 측정해보시기 바랍니다.

1. 활용 분야와 목적에 따라 필요한 데이터 목록이 명확하게 정의되어 있는가?
2. 필요한 데이터를 확보할 수단과 방법이 준비되어 있는가?
3. 데이터 수집 절차가 적법한 출처와 적절한 절차, 투명성을 보증하는가?
4. 데이터 접근 권한과 활용 범위 등의 가이드라인이 존재하는가?
5. 데이터 수집·관리·분석·활용 등 기능별로 팀 혹은 담당자의 책임과

역할이 정의되어 있는가?

6. 소속 직원이라면 누구나 권한 범위 내에서 쉽게 데이터에 접근하고 열람 및 분석할 수 있는가?

7. 부서별로 데이터가 파편화되어 있지 않고, 타부서에서도 간단한 합의를 거쳐서 데이터에 접근할 수 있는가?

8. 담당자가 변경되어도 업무가 지속되도록 데이터 관리와 운영 히스토리가 체계적으로 정립되어 있는가?

9. 직급이나 소속과 상관없이 문제 제기와 해결 방법에 관한 토론이 자유로운가? 수평적이고 민주적인 협업 문화가 조성되어 있는가?

10. 제품이나 마케팅 이슈 해결 과정에서 소속 부서나 직능에 상관없이 유기적인 TF팀을 자유롭게 구성하고 해체할 수 있는가?

11. 실무 담당자가 자신의 권한과 책임 범위 내에서 스스로 데이터 기반의 실험과 의사결정을 할 수 있는가?

12. 데이터 기반의 실험과 이에 따른 실패를 장려하는 학습 문화가 형성되어 있는가?

13. 데이터 분석으로 문제를 발견하고 해결한 사례가 전사적으로 공유되고 있는가?

14. 개인의 데이터 분석과 활용 역량을 키우기 위해 정기적으로 전사적인 교육이 진행되고 있는가?

15. 주요 데이터 분석지표가 분야별·직급별 목적에 따라 대시보드로 시각화되어 공유되는가?

16. 비즈니스 관련 전략적 의사결정을 내릴 때 데이터를 근거로 하는가?

17. 전사적 북극성 지표가 설정되어 있는가? 있다면, 임직원 모두에게 공유되고 있는가?

18. 부서 또는 개인의 KPI가 측정 가능한 지표로 분석 및 평가되고 있는가?

19. CEO를 비롯한 임원이 데이터 관련 조직·인프라·조직문화 투자에 적극적인가?

20. 나는 실무에서 데이터를 활용하고자 의지와 노력을 기울이고 있는가?

몇 점이나 나왔을까요? 각 항목의 점수를 5점 척도로 평가한 후 합산하면 총점 100점이 됩니다. 점수가 통계적인 유의성을 가진 것은 아닙니다. 하지만 우리는 모두 어릴 때부터 100점 만점에 나름의 기준이 있으니, 각자가 속한 기업의 데이터 성숙도를 어느 정도 가늠해볼 수 있으리라고 생각합니다.

위의 질문이 조직의 데이터 성숙도를 세밀하게 측정하는 기준은 아닙니다. 사실 체크리스트를 정리한 이유는 질문에 답변하면서 데이터가 흐르는 조직, 데이터 마케팅의 여러 여건이 성숙한 조직을 만드는 데 무엇이 필요한지 이해하고 학습하기를 바랐기 때문입니다.

개인적으로 데이터 마케팅의 성공에는 전술적인 방법론보다는 마인드셋이 더 중요하다고 생각합니다. 데이터 자체가 문제를 해결해주지 않으며, 특정한 그로스 마케팅 기법이 마케팅의 모든 문제를 해결해주지도 않습니다. 데이터 마케팅은 데이터로 문제를 찾아 원인을 정의하고 그 문제를 해결할 방법을 찾아가는 끊임없는 과정입니다. 고도화된 비싼 분석 툴을 도입한다고 단숨에 해결되는 일도 아니고, 데이터 전문가를 몇 명 더 채용한다고 되는 일도 아닙니다. 모든 구성원이 데이터의 중요성과 가치를 인식하고, 누구나 데이터에 접근할 수 있어야 합니다. 데이터를 근거로 토론하고 의사결정하는 데이터가 흐르는 문화가 조성되어야 합니다.

마케팅을 살리는 데이터 관리 정책: 3R을 기억하자

실제 비즈니스 현장에서 생각보다 많은 기업이 어떤 데이터를 모아야 할지 구체적인 기준도 없이 가능한 많은 데이터를 무작정 끌어모으는 모습을 자주 봅니다. 아무리 데이터가 중요하다지만 명확한 기준도 없이 많은 양의 데이터를 모아만 놓아서는 좋을 것이 업습니다. 누가 어떻게 사용하는지 목적성이 분명해야 하고, 유용한 데이터를 올바른 방법으로 사용하는 것이 가장 중요합니다. 이를 위해서는 어떤 데이터를 어떻게 수집해서 정제하고 분석할지, 분석한 데이터로 무엇을 할 것인지 사전에 관리 정책이 명확하게 수립되어 있어야 합니다.

글로벌 데이터 분석 솔루션 기업인 앰플리튜드Amplitude의 데이터 관리 철학은 '적절한 데이터right data를, 적절한 곳right place에서, 적절한 사람right people이 이용할 수 있도록 하는 것'이라고 합니다.[12] 개인적으로 이 표현에 매우 공감합니다. 조금 과장해서 말하자면, 신뢰할 만한 공급망에서 확보한 데이터가 아니라면, 데이터가 필요한 부서에서 접근하지 못하는 데이터라면, 데이터를 활용하려는 사람에게 필요한 데이터가 아니라면 데이터는 서버 공간을 차지하는 디지털 쓰레기더미일 뿐입니다.

① 적절한 데이터

과연 적절하지 않은 데이터라는 게 있을까요? 물론 있습니다. 분석이나 활용에 쓰이지 않는 데이터는 실제 사용자의 측면에서 보면 적절한 데이터가 아닙니다. 언젠가는 쓸 일이 있을지 모른다고 생각하시나요? 평소 잘 입지 않으면서도 언젠가는 입겠지 하면서 10년 넘게 옷장 안에 고이 모셔둔 옷이 한두 벌은 있지 않으신지요? 데이터도 마찬가지입니다. 모든 데이터는 활용 목적에 부합하는 데이터의 종류와 측정 방법을 사전에 명확하게 설정해두지 않으면 비슷한 상황이 발생합니다.

목적과 기준에 맞는 데이터를 확보해서 활용하는 것 또한 중요합니다. 경쟁사와 시장 인사이트를 도출하려는데 퍼스트 파티 고객 데이터만 열심히 분석한다면 원하는 결과를 얻을 수 없겠지요. 광고로 유입된 신규 고객의 전환율을 개인 페르소나별로, 혹은 사전 정의된 고객 페르소나별로 확인하고자 한다면 기본적으로 방문자들의 광고 ID 정보가 필요하며 구매전환까지 이르는 과정을 트래킹해야 합니다. 그런데, 해당 기업이 방문자의 광고 ID를 트래킹할 툴을 갖추지 못했다면 광고 집행 후 어떤 고객이 신규로 유입되었는지, 또 어떤 고객이 활성화되거나 이탈했는지 분석할 수 없습니다.

또한 고객 행동 데이터를 분석할 때에도 고객경험 과정 중 어떤 지점의 어떤 행동을 측정해서 분석할 것인지, 즉 이벤트 텍소노미를 사전에 설계하고 이에 맞춰 태그를 삽입해야만 분석 목적에 맞는 적절한 데이터를 확보할 수 있습니다.

② 적절한 장소

일반적으로 데이터에 있어 장소의 개념은 데이터의 물리적인 저장 위치와 연결성 이슈라고 할 수 있습니다. 데이터는 적절한 장소에 안전하게 저장되어 있어야 하며, 필요에 따라 언제 어디서든 접근할 수 있어야 합니다. 또한 보안과 안전을 이유로 동일한 데이터를 물리적으로 분산해서 저장하는 경우가 많은데, 대부분 자체 서버와 함께 클라우드 서버를 이용합니다. 2022년 말, 사내 서버실 화재로 발생한 국민 메신저 먹통 사태를 기억하실 겁니다. 서비스가 제대로 가동되지 않아 이용자들이 겪은 잠재적 손실은 계산조차 어려울 만큼 큰 규모였으나, 분산 저장으로 데이터 자체의 유실은 거의 없었다고 합니다. 기존에는 기업들이 주로 자체 서버실을 갖추고 관리했다면, 최근에는 전 세계적으로 보안과 안전성이 뛰어난 클라우드 서버를 메인으로 활용하는 추세입니다.

한편 데이터 동기화 혹은 데이터 활용 툴 간의 연결성 이슈도 여기에 해당합니다. 실무에서 데이터를 다루다 보면 생각보다 데이터 불일치, 오류, 중복을 자주 접하게 됩니다. 특히 관리 주체가 명확하지 않고 부서별로 유사한 데이터를 따로 관리하다 보면 데이터가 꼬이거나 훼손되어서 정작 필요한 곳에서 원하는 데이터를 찾지 못하는 일도 자주 발생합니다. 데이터가 보관된 공간에 대한 권한 설정의 이슈로 중요한 데이터가 덮어씌워지거나 삭제되는 일도 있으니 사전에 명확하게 책임과 권한을 설정해두어야 합니다.

마지막으로, 다양한 데이터 수집·분석·활용 툴을 함께 사용하려면 툴 간 연동성이 자유로운지 미리 확인한 뒤 도입을 결정해야 합니다. 이때, 하나의 툴에서 다른 툴로 데이터를 이동시킬 때 매번 추가 트래픽 비용이 발생해서 당황하는 일도 많으니 반드시 툴 도입 전에 세부사항을 면밀하게 검토할 필요가 있습니다.

③ 적절한 사람

데이터는 활용하는 사람과 조직에 구체적이고 명확한 권한과 책임이 부여되어야 합니다. 데이터 민주화data democratization라는 개념이 있습니다. 기업에 데이터 중심의 문화가 잘 스며들었는가를 이야기하는 개념으로, 소속된 직원 누구라도 언제 어디서나 데이터에 접근하고 열람할 수 있는지가 데이터 민주화 정도를 말해줍니다. 물론, 각자가 맡은 역할과 부서의 특수성에 따라 접근 권한과 범위는 적절히 통제되어야 하겠지만, 고객 행동 데이터와 프로파일 데이터, 판매 데이터와 마케팅·광고 캠페인 관련 데이터만큼은 관련된 모든 직원이 자유롭게 개인 고객 단위 또는 세그먼트 단위로 열람하고 분석할 수 있어야 합니다.

종합 여행 플랫폼인 마이리얼트립myrealtrip은 임원진은 물론 심지어 대표이사까지도 직접 SQL을 활용해 필요한 고객 데이터를 추출해서 분석한다고 합니다.[13] 보통 마케터라면 필요한 데이터를 수시로 들여다보고, 다양한 데이터를 연결해서 분석해야 하는데, 그때마다 IT팀에 데이터를 요청해야 한다

마케팅을 바꾸는 데이터의 힘

면 업무 효율성은 떨어질 수밖에 없습니다. 물론 하루아침에 할 수 있는 일은 아닙니다. 끊임없는 교육과 실습, 시행착오를 반복해서 데이터 우선data first 조직, 데이터가 흐르는 문화가 정착되어야 가능한 일입니다.

또한 계층적인 의사결정 구조에 얽매이지 않고, 일정한 책임과 권한 아래 각 부서 책임자나 프로덕트 담당자Product Owner; PO가 직접 의사결정을 하고, 실패와 학습을 경험하면서 서비스를 개선해나가도록 장려하는 문화가 정착되어야 합니다. 중고상품 직거래 플랫폼인 당근마켓이 모범 사례입니다. 당근마켓은 누구나 원하는 데이터에 접근할 수 있는 환경을 구축하고, 의사결정 과정에서 다양한 실험을 장려하며, 사실 기반 의사결정 문화Data-informed Decision Making를 만들어가고 있습니다.[14] 새로운 기능이나 서비스를 준비할 때에도 수평적인 환경에서 자율적인 고민을 보장하고, '왜' 새로운 기능을 추가하거나 변경하려 하는지, 어떤 결과를 얻고자 하는지를 스스로 자문하게 한 뒤, 데이터로 충분한 사전 검증을 거쳐서 최종 의사결정을 한다고 합니다.[15] 성과에 대한 평가를 떠나, 데이터가 흐르는 조직을 만드는 정책과 문화는 비즈니스 성장에 좋은 밑거름이 될 것임에 틀림없습니다.

데이터로 소비자를 만나는 마케터의 길

데이터와 마케팅은 이제 분리해서 생각할 수 없습니다. 그런데 여전히 데이터라는 단어만으로 부담을 느끼는 마케터가 많습니다. 반면 후행적 결과지표에 매달려 숫자 맞추기에 급급하면서도 데이터를 잘 활용한다고 믿는 마케터도 있습니다. 데이터가 중요하다는 사실을 알면서도 정작 제대로 활용하는 마케터가 많지 않은 이유입니다.

이 책은 이런 분들을 위해 썼습니다. 특히 데이터를 활용하는 스킬을 담아내기보다는, 데이터 활용에 대한 올바른 마인드셋과 마케팅에서 데이터를 활용하기 위한 기반을 다지고 싶었습니다. 여전히 딱딱하고 어려운 주제임은 부인할 수 없지만, 광고인으로서 시대의 변화를 앞서 경험해오면서 겪은 시행착오와 경험을 진솔하게 전달하고자 노력했습니다.

많은 시간에 걸쳐 원고를 작성했다 지우기를 반복하면서 마케터와 광고인이 어떻게 하면 빠르게 변화하는 환경에서 방향을 찾고 데이터와 관련된 개인적인 역량을 쌓을 수 있을까를 고민했습니다. 남보다 앞서 시행착오를 겪어온 기업의 사례와 데이터를 잘 활용한 기업의 사례를 엮어 비슷한 상황에 있을 기업과 마케터에게 조금이나마 도움을 드리고 싶었습니다. 개인적으로 여전히 광고인이라는 정체성을 가진 저는 데이터가 광고인이나 마케터의 일을 대체한다고 생각하지 않습니다. 오히려 데이터 마케팅의 등장으로 브랜딩이 해야 할 역할 또한 더욱 명확해졌다고 할까요? 데이터 마케팅과 브랜딩은 서로 시너지를 이루는 관계가 되어야 하지 대체하는 역할로 생각해선 안 됩니다.

본문에서 퍼포먼스 마케팅의 근본적인 한계를 다루었습니다만, 다시 한번 강조하자면 광고와 마케팅의 효율을 높이려면 데이터 활용을 적극적으로 권장해야 합니다. 단순히 효율지표에 매달려 일, 달을 가리키면서 손가락만 보고 있는 일은 없어야 합니다. 그게 브랜딩을 목적으로 한 광고이든, 구매전환을 목표로 하는 퍼포먼스 마케팅이든 바라봐야 할 대상은 '소비자'입니다. 소비자 없는 광고와 마케팅, 소비자 없는 효율은 아무짝에도 쓸데없는 예산 낭비일 뿐입니다.

여전히 브랜드 인지도를 높이고 긍정적인 태도를 만드는 데는 TV 광고나 영상 콘텐츠의 역할이 큽니다. 길거리나 매장에서 직접 소비자를 만나 관심을 유도하고 제품을 알리는 이벤트나 프로모션 활동 또한 필요합니다. 소비자가 우리 제품을 검색하도록 유도하고, 디스플레이 광고가 구매로 이어지도록 유도하는 마케팅 활동 또한 중요합니다. 그러나 여기서도 역시나 소비자가 가장 중요합니다. 소비자 없는 광고와 마케팅은 존재할 이유가 없습니다.

25년 동안 광고와 마케팅 일을 해오면서 몇몇 저서에 번역가로, 공동 저자 또는 편집자로 참여했지만 오롯이 제 이름을 걸고 쓴 책은 이 책이 첫 번째입니다. 빠르게 변화하는 기술과 미디어 환경을 따라가기 버거워하는 많은 광고인과 마케터가 막연한 두려움을 걷어내는 데 작은 도움이라도 주고 싶어 책을 쓸 결심을 하게 되었습니다. 하지만 역시나 개인적인 경험과 지식을 정리해서 책으로 엮는 일은 쉽지 않았습니다. 목차를 정하고 내용을 써 내려가다가 다 지우고 새로 쓰기를 몇 번이고 반복했습니다. 갈매나무 출판사의 박선경 대표님, 이유나 편집장님, 지혜빈 편집자님의 격려와 도움이 아니었으면 아마도 집필을 마무리하지 못했을 것 같습니다. 또한 데이터 마케팅을 공부하고 경험하는 과정에 많은 도움을 준 그로스 마케팅 분야에 계신 전문가들, 함께 데이터 컨설팅을 진행하며 동고동락했던 많은 동료와 후배에게 깊은 감사의 마음을 전합니다.

항상 부족한 저를 믿어주고 지지해주는 아내 이윤진, 자신의 삶을 꾸준히 개척하고 있는 딸 백이준, 미래를 위해 새로운 걸음을 내딛는 아들 백이제, 항상 기도로 후원해주시는 양가 부모님들, 그리고 언제나 내가 생각지도 못한 새 길을 열어주시는 하나님께 이 책을 바칩니다.

끝으로 제가 힘들고 지칠 때나 기쁠 때나, 어떤 상황에서든 힘이 되어준 성경 구절을 소개하며 부족한 글을 마칠까 합니다.

내가 궁핍하므로 말하는 것이 아니니라 어떠한 형편에든지 나는 자족하기를 배웠노니. 나는 비천에 처할 줄도 알고 풍부에 처할 줄도 알아 모든 일 곧 배부름과 배고픔과 풍부와 궁핍에도 처할 줄 아는 일체의 비결을 배웠노라. 내게 능력 주시는 자 안에서 내가 모든 것을 할 수 있느니라.

빌립보서 4장 11~13절

미주

1장

1) Tamara Charm, Becca Coggins, Kelsey Robinson, and Jamie Wilkie, "The great consumer shift: Ten charts that show how US shopping behavior is changing," McKinsey & Company, August 4, 2020, https://www.mckinsey.com/capabilities/ growth-marketing-and-sales/our-insights/the-great-consumer-shift-ten-charts-that-show-how-us-shopping-behavior-is-changing.

2) Wallmart Staff, "You'll Never Believe Who's Scrubbing the Floors at Walmart," Walmart, October 4, 2018, https://corporate.walmart.com/newsroom/ innovation/20181004/youll-never-believe-whos-scrubbing-the-floors-at-walmart

3) 저작권 문제로 새로 제작하였으나, 원 내용은 다음 출처에 기인한다. "Data-Driven Marketing Seen Most Useful for CX," marketing charts, September 19, 2022, https:// www.marketingcharts.com/customer-centric/datadriven-227280

2장

1) "Earned Media Trumps Paid Media in the Age of Consumer Distrust," communiquépr,https://www.communiquepr.com/earned-media-trumps-paid-media-in-the-age-of-consumer-distrust/15929/

2) "Micro-Moments: How Consumers Rely on Mobile to Meet Their Needs"," thinkwithGoogle, https://www.thinkwithgoogle.com/_qs/documents/578/micro-moments-consumer-mobile-needs-c.pdf

3) Strong, E. K., The psychology of selling and advertising, New York: McGraw Hill Book Co., 1925.

4) "AARRR Pirate Metrics Framework," ProductPlan, https://www.productplan.com/ glossary/aarrr-framework/

5) 에릭 리스, 《린 스타트업: 지속적 혁신을 실현하는 창업의 과학》, 이창수, 송우일 옮김, 인사이트, 2012

6) 토스피드 게시글의 채팅 화면을 다시 제작하였다. 원 이미지는 다음 출처에서 확인할 수 있다. 금혜원, 〈토스 긴급재난지원금 서비스, 어떻게 이틀 만에 런칭했을까?〉, 토스피드, 2020.05.28., https://blog.toss.im/article/disasterfund-behindstory

7) "Enterprise Architects Combine Design Thinking, Lean Startup and Agile to Drive Digital Innovation," Quidante, https://www.quidante.com/post/enterprise-architects-combine-design-thinking-lean-startup-and-agile-to-drive-digital-innovation-1

8) Libby Plummer, "This is how Netflix's top-secret recommendation system works," WIRED, August 22, 2017, https://www.wired.co.uk/article/how-do-netflixs-algorithms-work-machine-learning-helps-to-predict-what-viewers-will-like

9) "2018 Personalization Pulse Check," Accenture Interactive, https://www.accenture.com/_acnmedia/PDF-77/Accenture-Pulse-Survey.pdf

10) "Smartphone user behavior statistics", thinkwithGoogle, https://www.thinkwithgoogle.com/consumer-insights/consumer-trends/smartphone-research-behavior-statistics-/

3장

1) Nate Silver, "Final Election Update: There's A Wide Range of Outcomes, and Most of Them Com up Clinton," November 8, 2016, https://projects.fivethirtyeight.com/2016-election-forecast/

2) Jason Wise, "How much data is generated every day in 2023?," Earth Web, April 7, 2023, https://earthweb.com/how-much-data-is-created-every-day/

3) Petroc Taylor, "Total data volume worldwide 2010-2025," Statista, Septemver 8, 2022, https://www.statista.com/statistics/871513/worldwide-data-created/

4) 아이지에이웍스 마케팅 클라우드 홈페이지. https://mktcloud.igaworks.com

4장

1) "Become a Certified Professional in Excel for Finance," Ableowl, https://www.ableowl.com/products/Qualification/qualificationad9.aspx

2) "Misuse of Excel and other data spreadsheets cost European businesses €55 billion a year," alteryx, https://investor.alteryx.com/news-and-events/press-releases/press-release-details/2017/Misuse-of-Excel-and-Other-Data-Spreadsheets-Cost-European-Businesses-55-Billion-a-Year/default.aspx

3) "The risks of using spreadsheets for statistical analysis," IBM Report, https://www.ibm.com/downloads/cas/7YEX9BKK

4) Robin Harris, "Excel errors: How Microsoft's spreadsheet may be hazardous to your health," ZDNet, July 28, 2017, https://www.zdnet.com/article/excel-errors-microsofts-spreadsheet-may-be-hazardous-to-your-health/

5) 저작권 문제로 그림은 새로 제작하였으나, 원 내용은 다음 출처에 기인한다. 김종진, 〈[GA4]1. 구글 애널리틱스4 시작하기 - 특징과 장점〉, 2022. 11. 23., https://analyticsmarketing.co.kr/digital-analytics/5692/

6) "Mobile vs. Desktop vs. Tablet Traffic Market Share." similarweb, https://www.

similarweb.com/platforms/

7) 믹스패널 홈페이지 Mixpanel Homepage. https://mixpanel.com/ko/

8) George Lawton, "12 must-have features for big data analytics tools," TechTarget, April 28, 2021, https://www.techtarget.com/searchbusinessanalytics/feature/12-must-have-features-for-big-data-analytics-tools

9) Team Braze, "The Top 3 Ways to Calculate User Retention Rate with Formulas," Braze, October 10, 2016. https://www.braze.com/resources/articles/calculate-retention-rate

10) 양승화, 《그로스해킹: 데이터와 실험을 통해 성장하는 서비스를 만드는 방법》, 위키북스, 2021, p. 103

5장

1) 션 엘리스, 모건 브라운, 《진화된 마케팅 그로스 해킹: 프로세스와 실행 전략 바이블》, 이영구, 이영래 옮김, 골든어페어, 2017

2) RingCentral Team, "How to calculate and improve your customer retention rate," RingCentral, 2022. 6. 17. 수정, https://www.ringcentral.com/us/en/blog/customer-retention-rate/

3) 한국연구재단 (2021), 〈인공지능 시대의 데이터 공급망 관리〉, 《NFR Issue Report》, 2021-20호, p.8

4) 한국데이터산업진흥원 데이터온에어, "데이터 관리 정책," 2021.02.10., https://dataonair.or.kr/db-tech-reference/d-guide/da-guide/?mod=document&uid=319

5) 성공 사례 제공: 그로스 컨설턴트 윤시은

6) 성공 사례 제공: 그로스 컨설턴트 이하석

7) "The Top 12 Reasons Startups Fail," CBInsights, https://www.cbinsights.com/research/report/startup-failure-reasons-top/

8) MarketSplash Team, "How to Find Product-Market Fit: A Practical Guide For Product Managers," MarketSplash, https://marketsplash.com/product-market-fit/

9) 저작권 문제로 그림은 새로 제작하였으나, 원 내용은 다음 출처에 기인한다. Henrik Kniberg, "Making sense of MVP - and why I prefer Earliest Testable/ Usable/ Lovable," crisp, January 25, 2016, https://blog.crisp.se/2016/01/25/henrikkniberg/making-sense-of-mvp?ref=https://product-frameworks.com

10) 장효곤 (2018), 〈망하는 신사업 살려내는 '제품 시장 맞춤(Product Market Fit)'〉, 《동아 비즈니스리뷰》, 260호, https://dbr.donga.com/article/view/1202/article_no/8878/ac/magazine

11) Avery Hartmans, "The rise of Kevin Systrom, who founded Instagram 10 years ago

and built it into one of the most popular apps in the world," INSIDER, October 7, 2020, https://www.businessinsider.com/kevin-systrom-instagram-ceo-life-rise-2018-9

12) 〈270개 스타트업 '6조 7000억'으로 키운 비결… "함께 PMF 찾아라"〉, 김태현 기자 (2022.12.15.), 머니투데이.

13) Masa Hamada, "PMF framework — 5 Steps to Product/Market Fit," Medium, https://medium.com/radikal-studio

6장

1) 아이지에이웍스 마케팅 클라우드 홈페이지. https://mktcloud.igaworks.com

2) 〈IGAWorks Hyper DMP 골프 시장 분석 리포트_2차 TV광고 분석〉 (2022.09.06.), 모바일 인덱스 인사이트.

7장

1) 저작권 문제로 그림은 새로 제작하였으나, 원 내용은 다음 출처에 기인한다. Tom Fishburne, "Watching the numbers." marketoonist. August 12, 2018, https://marketoonist.com/2018/08/numbers.html

2) 저작권 문제로 그림은 새로 제작하였으나, 원 내용은 다음 출처에 기인한다. Yoroslav Kholod, "Beating the Fraud Guide: How To Protect Your Ads." Spiceworks, September 29, 2020, https://www.spiceworks.com/marketing/programmatic-advertising/guest-article/beating-the-fraud-guide-how-to-protect-your-ads/

3) 장진원 (2022), 〈'데이터 없는 성장은 없다.' 마국성 아이지에이웍스 대표〉, 《포브스》, 202209호 (28), https://bit.ly/3Tp4gZF

8장

1) INSIDER, A Japanese ad agency invented an AI creative director — and ad execs preferred its ad to a human's, Mar 12, 2017, https://www.businessinsider.com/mccann-japans-ai-creative-director-creates-better-ads-than-a-human-2017-3

2) Advertisingweek, The New Era of Data-Driven Creative. May 2023. https://advertisingweek.com/the-new-era-of-data-driven-creative

3) Nazia Banu, "What Is Creative Analysis and Why It Is Important," Growth Hackers, https://www.growth-hackers.net/what-is-creative-analysis-why-creativity-strategy-important/

9장

1) "85% of Industrial Businesses to Increase Investment in Digital Transformation and Sustainability, AVEVA Survey Finds," AVEVA, September 23, 2021, https://www.aveva.com/en/about/news/press-releases/2021/industrial-businesses-to-increase-investment-in-digital-transformation-and-sustainability-aveva-survey/

2) "CEOs double down on talent, technology and transformation," PwC, https://www.pwc.co.uk/ceo-survey.html

3) Jennifer Belissent, "Struggling To Find Value In Data? Insights Service Providers Deliver Business Value — And Build Culture And Capacity," Forrester Research, June 15, 2020, https://www.forrester.com/webinar/Struggling%2BTo%2BFind%2BValue%2BIn%2BData%2BInsights%2BService%2BProviders%2BDeliver%2BBusiness%2BValue%2BAnd%2BBuild%2BCulture%2BAnd%2BCapacity/WEB31126?objectid=WEB31126

4) Patrick Forth, Tom Reichert, Romain de Laubier, and Saibal Chakraborty, "Flipping the Odds of Digital Transformation Success, Boston Consulting Group," Oct 29, 2020, https://www.forrester.com/webinar/Struggling%2BTo%2BFind%2BValue%2BIn%2BData%2BInsights%2BService%2BProviders%2BDeliver%2BBusiness%2BValue%2BAnd%2BBuild%2BCulture%2BAnd%2BCapacity/WEB31126

5) 아이지에이웍스의 사스형 CDP 디파이너리 홈페이지: https://www.dfinery.io

6) Benjamin Finzi, Rich Nanda, Anh Nguyen Phillips, Tom Schoenwaelder, Gerald C. Kane, "How the CEO's leadership in digital transformation can tip the scales toward success," Deloitte Insight, 28 June 2022, https://www2.deloitte.com/us/en/insights/topics/strategy/leadership-in-digital-transformation.html

7) Julie Goran, Laura LaBerge, Ramesh Srinivasan, "Culture for a digital age," McKinsey Digital Survey, 20 July, 2017, https://www.mckinsey.com/capabilities/mckinsey-digital/our-insights/culture-for-a-digital-age

10장

1) 〈5년간 보이스피싱 피해 1조 원 넘어…'카톡' 이용 피싱 급증〉, 허인회 기자(2023.02.21.), 시사저널.

2) 〈보안뉴스, 페이스북 '메타'와 '구글'에 개인정보보호법 위반 과징금 1,000억 부과〉, 원병철 기자(2022.09.15.), 보안뉴스.

3) 대한민국 정책브리핑, 〈데이터 3법〉, 2021.11.16. 수정, https://www.korea.kr/special/policyCurationView.do?newsId=148867915

4) "Laws&Regulations", CPPA, https://cppa.ca.gov/regulations/

5) "General Data Protection Regulation GDPR," intersoft consulting, https://gdpr-info.eu/

6) 글로벌 과학기술정책정보 서비스, 〈'데이터 3법 개정안' 통과로 데이터 경제 도약의 제도적 기반 마련〉, 2020.01.10., https://now.k2base.re.kr/portal/trend/mainTrend/view.do?poliTrndId=TRND0000000000038303&menuNo=200004&pageIndex=

7) Brooke Auxier, Lee Rainie, Monica Anderson, Andrew Perin, Madhu Kumar, Erica Turner, "Americans and Privacy: Concerned, Confused and Feeling Lack of Control Over Their Personal Information," Pew Research Center, November 15, 2019, https://www.pewresearch.org/internet/2019/11/15/americans-and-privacy-concerned-confused-and-feeling-lack-of-control-over-their-personal-information/

8) 〈소비자 88.7%, 개인정보 수집 디지털 기기에 의한 개인정보 유출 우려〉, 길민권 기자 (2022.11.24.), 데일리시큐.

9) "2018 Personalization Pulse Check," Accenture Interactive, https://www.accenture.com/_acnmedia/PDF-77/Accenture-Pulse-Survey.pdf

10) 구글의 프라이버시 샌드박스 홈페이지. https://privacysandbox.com/intl/ko_kr/

11) David Wallance (2022), "How Data Maturity and Product Analytics Improve Digital Experiences and Business Outcomes," IDC, Doc. #US49598722

12) John Hurley, "Introducing Pipelines & Govern: Break Data Silos to Empower Teams with Trusted Insights," Amplitude, August 11, 2020, https://amplitude.com/blog/break-data-silos-pipelines-govern

13) 양승화, 그로스 해킹 입문, IGAWorks Academy Growth 과정 강연내용 중, 2023.03.14.

14) matthew, 〈당근마켓 팀과 데이터 분석〉, 당근마켓 블로그, 2021.08.17., https://medium.com/daangn/%EB%8B%B9%EA%B7%BC%EB%A7%88%EC%BC%93-%ED%8C%80%EA%B3%BC-%EB%8D%B0%EC%9D%B4%ED%84%B0-%EB%B6%84%EC%84%9D-b3d5af6159bc

15) 〈[스타트업人] "데이터 속 가치를 찾고 있습니다", 당근마켓 데이터가치화팀 이야기〉, 권명관 기자(2022.06.24. 수정), 동아일보.

마케팅을 바꾸는 데이터의 힘

초판 1쇄 발행 2023년 8월 25일
초판 4쇄 발행 2024년 11월 18일

지은이 • 백승록

펴낸이 • 박선경
기획/편집 • 이유나, 지혜빈, 김슬기
홍보/마케팅 • 박언경, 황예린, 서민서
디자인 제작 • 디자인원(031-941-0991)

펴낸곳 • 도서출판 갈매나무
출판등록 • 2006년 7월 27일 제395-2006-000092호
주소 • 경기도 고양시 일산동구 호수로 358-39 (백석동, 동문타워 I) 808호
전화 • 031)967-5596
팩스 • 031)967-5597
블로그 • blog.naver.com/kevinmanse
이메일 • kevinmanse@naver.com
페이스북 • www.facebook.com/galmaenamu
인스타그램 • www.instagram.com/galmaenamu.pub

ISBN 979-11-91842-54-8/03320
값 19,000원